VOYAGE

AU

CAMP D'ABD-EL-KADER,

A HAMZAH ET AUX MONTAGNES DE WANNOURHAH,

(**Province de Constantine.**)

En Décembre 1837 et Janvier 1838.

Par A. Berbrugger,

CONSERVATEUR DE LA BIBLIOTHÈQUE ET DU MUSÉE D'ALGER.

(Extrait de la *Revue des Deux-Mondes*, n° du 15 août 1838.)

AUGMENTÉ D'UNE APPENDICE OU L'ON A RECUEILLI DES PASSAGSE DE L'ITINÉRAIRE D'ANTONIN, DES VOYAGES DE PEYSSONNEL, DE SHAW ET DE DESFONTAINES.

—

AVRIL 1839

Toulon. --- Imprimerie d'Eugène Aurel

ALGER, 30 mars 1839.

On s'occupe beaucoup depuis quelque temps d'une expédition qui doit être dirigée sur Hamzah ; et cette opération, ajournée par suite de certaines circonstances politiques, ne peut manquer d'avoir lieu tôt ou tard. Les personnes qui pourront être désignées pour en faire partie ne seront pas fâchées, sans doute, de trouver dans le voyage que nous publions et dans les extraits dont nous l'avons accompagné, la collection de ce qui a été écrit sur le pays compris entre Alger et les Biban par les seuls européens qui l'aient encore visité. On aura ainsi, réunis en un faisceau, tous les renseignements connus sur ces localités et sur les indigènes qui les habitent ; on sera à même d'apprécier le nombre et la nature des difficultés attachées à cette entreprise, sous le double rapport du terrain à parcourir et des populations qui pourront tenter de le défendre.

Cette publication, étrangère à toute espèce de spéculation, puisque le petit nombre d'exemplaires qu'on se propose d'en tirer ne seront pas mis en vente, pourra être de quelque utilité à beaucoup de nos compatriotes, dans l'hypothèse fort probable d'une expédition sur Hamzah. C'est avec cette intention, du moins, que nous l'avons rédigé, et nous souhaitons vivement que le résultat réponde à notre désir.

VOYAGE
AU
CAMP D'ABD-EL-KADER.

Une caravane, composée de sept Européens, (1) trois Maures et deux juifs, quittait Alger le 28 décembre 1837 et se dirigeait vers le mont Jurjura, guidée par quatre cavaliers d'Abd-el-Kader. Pour atteindre le but du voyage, il fallait traverser les premières crêtes du Petit-Atlas et parcourir un pays habité par des Kabaïles dont la férocité est proverbiale. Les périls dont on supposait généralement que cette excursion devait être accompagnée, avaient empêché plusieurs curieux de tenter l'aventure; et les prédictions sinistres ne manquèrent pas aux imprudens qui persistaient à partir, sans se laisser intimider par l'épouvantail de *la foi punique*. On ne se contenta pas de menacer ces téméraires d'une fâcheuse catastrophe, on inventa la catastrophe elle-même. Après leur départ, on raconta solennellement dans tout Alger qu'arrêtés sur la route, ils avaient été pillés, battus, décapités; et ce récit

---

(1) M. Garavini, consul général des Etats-Unis et ancien oukil ou chargé d'affaires de l'Emir; MM. Bodichon, docteur en médecine; Ranc, avocat; Rabier, secrétaire du parquet; Audric, négociant; Manucci, interprète; Berbrugger, conservateur de la Bibliothèque et du Musée d'Alger.

fut accompagné de détails très minutieux, parmi lesquels on n'avait pas oublié les dernières paroles prononcées par les victimes. Dans le moment même où l'on mettait en circulation cette tragique histoire, nous étions arrivés sains et saufs au but de notre voyage, et nous mangions fort paisiblement le couscoussou de notre hôte Abdel-Kader. Au lieu d'être volés, nous recevions chacun une mule en cadeau; et, loin d'être battus, nous voyions journellement disperser à coups de bâton les Arabes attroupés que la curiosité attirait devant notre tente.

Pendant que nos historiographes officieux commençaient à broyer les couleurs sombres dont ils se proposaient de rembrunir notre odyssée, nous cheminions à travers la Mitidja dans la compagnie de M. Garavini, consul d'Amérique, qu'Abd-el-Kader avait récemment désigné pour son *oukil* ou chargé d'affaires. Le gouvernement français, en refusant de ratifier ce choix, avait ôté tout caractère politique à M. Garavini; mais ce dernier avait conservé avec l'émir des rapports commerciaux qui motivaient son voyage dans l'intérieur. Quant aux autres Européens que l'on remarquait dans la caravane, la curiosité seule leur avait fait entreprendre cette course.

Notre première étape ne fut pas longue : nous nous arrêtâmes, vers le milieu de la plaine, dans l'*Outhan* de Khachna, à *Hhaouche-el-Kaïd* (la ferme du kaïd). Il n'était qu'une heure de l'après-midi, et nous désirions profiter de ce qui restait de jour pour aller un peu plus loin. Nos guides ne le voulurent pas, parce que nous aurions alors été dans la nécessité de coucher chez les *Zouetna* (habitans des bords de l'*Oued-Zeïtoun*, rivière des oliviers). Or, Abd-el-Kader voulait faire payer à cette puissante tribu huit années d'impôts arriérés, sans préjudice d'une contribution extraordinaire de 200,000 francs. Cette dernière somme était une sorte d'amende qu'il leur infligeait pour les punir d'avoir plus d'une fois proposé leurs services au gouvernement français. Quant nos cavaliers nous eurent mis au courant de ces détails, nous fûmes tout-à-fait de leur avis, et le moment ne nous parut pas, en effet, très opportun pour aller demander l'hospitalité chez les Zouetna, au nom d'un chef qui avait la prétention de puiser aussi largement dans leurs bourses.

Notre caravane coucha donc à *Hhaouche-el-Kaïd*, où le chef de la tribu de Khachna nous fit un excellent accueil.

Le lendemain, nous nous dirigeâmes sur le *Souq-el-Kh'misse*, que les Européens appellent le Marché de l'Hamise. La traduction littérale serait plutôt *Marché du jeudi* ou *du cinquième jour* (1). Il est situé sur la rive droite de l'Hamise (rivière à laquelle il a donné son nom), au pied du mont Ammal, dans une gorge assez étendue et d'un aspect très agréable. C'est là que chaque jeudi les Kabaïles du Petit-Atlas, les Arabes de la Mitidja, et même plusieurs des colons établis dans la plaine, viennent vendre leurs produits ou acheter ceux de leurs voisins. On appelle aussi cet endroit le *Fondouq*.

Nous laissâmes le marché sur notre droite, et, après avoir cheminé quelque temps dans les collines qui ondulent au pied du Petit-Atlas, nous arrivâmes en vue de *Kara-Moustafa* (Moustafa le noir, en turc) où l'on a établi depuis peu un camp français. Nous apercevions alors l'*Oued-Kaddara*, rivière qui dans son cours inférieur et à son embouchure porte le nom d'*Oued-Boudouaou*. C'est la limite orientale que le traité de la Tafna assigne à nos possessions dans la Mitidja; il est vrai que l'expression *et*

---

(1) Les Arabes désignent les jours de la semaine par leur ordre numérique, excepté le vendredi, qu'ils appellent *el djemá*, l'assemblée, parce que c'est le jour où ils se réunissent à la mosquée.

au-delà qui suit le nom de cette rivière rend la délimitation très-équivoque et nous permet à la rigueur de nous étendre beaucoup plus loin : mais Abd-el-Kader a déjà tranché la difficulté en percevant l'impôt et en établissant des kaïd ou chefs sur toutes les tribus qui sont au-delà du Kaddara.

En descendant sur l'*Oued-Kaddara*, nous commençâmes à rencontrer des traces de la route pavée bâtie par Omar-Pacha. Plus loin on la retrouve à peu près intacte, et elle se prolonge jusque dans la vallée de l'Isser, au grand déplaisir des voyageurs ; car elle est en général très raide; quelquefois même elle offre une succession de degrés, et devient alors un véritable escalier, tout-à-fait semblable à la rue de la Casbah d'Alger.

Nous atteignîmes de bonne heure le gué du Kaddara, et nous vîmes cette rivière sortir d'une gorge étroite et profonde, le long du mont Ammal. Sur notre gauche, son bassin s'élargissait brusquement et devenait une très belle vallée assez bien boisée ; à droite, un mamelon fort élevé couvert de chênes verts, commandait le défilé dans lequel nous allions nous engager. Les oliviers sauvages paraissaient déjà en grand nombre et se faisaient remarquer par leur hauteur et la vigueur de leur végétation. Ce ne fut cependant qu'un peu plus loin que nous rencontrâmes l'olivier cultivé, et que nous pûmes nous faire une idée de l'importance des produits oléagineux obtenus par les Isser, les Zouetna et les Ammal, trois tribus qui sont en possession d'approvisionner d'huile le marché d'Alger.

Le défilé du Kaddara est assez difficile ; mais il n'est pas impraticable pour une armée française, comme voulaient nous le faire croire les guides qui nous accompagnaient. Ceux-ci prétendaient que, si jamais les chrétiens s'y engageaient, ils y resteraient tous jusqu'au dernier. Le passage du col de Tenia, sur la route de Médéah, présente bien plus d'obstacles, et nos soldats l'ont souvent effectué, malgré les efforts des montagnards.

Cependant à cause de l'étroitesse de la gorge, la route qui longe la rivière est dominée à droite et à gauche, à très petite portée de fusil; et, comme la rivière coule dans un lit de torrent, entre des berges à pic dont la hauteur varie de dix à quarante pieds, les communications pourraient souvent devenir impossibles entre un corps d'armée placé sur la route et les troupes détachées qui devraient couronner les crêtes. Ajoutez à cette difficulté qu'il faut passer trois fois le Kaddara depuis l'entrée dans la gorge jusqu'à la sortie.

Le défilé a un caractère fort sauvage dans presque toute son étendue. Cependant, de temps à autre, un élargissement subit du lit de la rivière livre une petite portion de terre cultivable à l'industrie des Kabaïles; et l'aspect inattendu de champs de blé ou d'orge, resserrés entre le Kaddara et ses berges rocheuses, ôte pour un moment à cette rude localité quelque chose de son âpre physionomie.

La rivière, malgré son étranglement dans le défilé, n'avait qu'un faible volume d'eau à l'époque où nous l'avons traversée; sa largeur ne nous a jamais paru aller au-delà d'une trentaine de pieds. Elle coule constamment sur un lit de rochers calcaires gris bleu, entre deux escarpemens de même nature. Dans les endroits où il roule ainsi encaissé entre deux murailles couleur d'azur, le Kaddara nous a plus d'une fois rappelé le gigantesque ravin du Rummel; il ressemble alors à ce dernier autant qu'un nain peut ressembler à un géant. Comme toutes les rivières qui descendent de montagnes élevées et abruptes, ce cours d'eau présente des barrages et des chutes qui ne sont pas très considérables, il est vrai, mais qui offrent au voyageur des aspects fort pittoresques, en attendant qu'ils donnent au colon industrieux d'utiles moteurs pour les usines qu'un avenir peu éloigné peut-être verra s'établir dans cette partie de l'Atlas.

Dans le trajet du défilé, nous trouvâmes partout les montagnards au travail. Les uns coupaient du bois pour aller le vendre à Alger; d'autres se livraient à la fabrication du charbon ou conduisaient une charrue traînée par des bœufs, des chevaux et même des mulets, dans le petit nombre d'endroits susceptibles d'une culture facile. Les populations au milieu desquelles nous passions manifestaient beaucoup de surprise à notre aspect; quelques pâtres, du haut de leurs montagnes, nous adressaient des injures. C'était surtout l'épithète de *Tahhanin* qu'ils nous appliquaient de préférence, et elle ne pouvait guère nous offenser, car nous étions tous célibataires.

Lorsque nous sortîmes enfin du défilé de Kaddara et que nous eûmes passé cette rivière pour la dernière fois, nous n'avions pas encore achevé de tourner le mont Ammal, dont nous apercevions sur notre droite le sommet ballonné et grisâtre; mais il ne nous restait plus, pour obtenir ce résultat et descendre dans la vallée du Haut-Isser, qu'à traverser une suite d'ondulations formées par les arêtes qui partent comme autant de rayons de son point culminant et qui font jonction ou engrenage avec les arêtes semblables qui s'abaissent des sommets du massif voisin.

Arrivés sur les premières de ces arêtes, nous vîmes de belles et nombreuses cultures, des villages fréquens et assez considérables. Tela-Klifa, sur une rampe boisée du mont Ammal, et qui nous apparut comme suspendu au-dessus de nos têtes, est remarquable par la quantité des maisons qui le composent, par l'étendue et le bon état des cultures qui l'entourent. Le figuier et l'olivier y dominent spécialement.

On continue de s'élever en franchissant des vallons et des crêtes, et l'on traverse souvent de petits cours d'eaux que le mont Ammal laisse échapper de ses flancs. Dans un de ces vallons est un bel abreuvoir (*Aïn El Soulthan*), bâti par Omar-Pacha.

Nous parvînmes enfin à la dernière de ces crêtes, au point culminant, et le pays situé au-delà de cette première chaine du Petit-Atlas se développa devant nous en tous sens et à une grande distance. En avant vers l'est, la vallée du Haut-Isser remontait en serpentant dans la direction du Jurjura dont le sommet, couvert de neige, fermait la perspective. A droite, la belle vallée de l'Oued-Zeitoun venait se réunir à celle de l'Isser. A gauche, une gorge étroite et profonde donnait passage aux eaux de l'Isser, grossies de celles de l'Oued-Zeitoun. Cette gorge sépare la vallée de l'Isser de la plaine des Issers, et établit une ligne de démarcation naturelle entre le cours supérieur de la rivière et son cours inférieur.

En descendant sur la vallée de l'Isser, on trouve à mi-pente un bouquet de beaux oliviers, et, au milieu de ces arbres, quelques gourbies (chaumières kabaïles) assez bien construites. C'est le lieu dit *Souq el djemá mtá Ammal* (marché du vendredi d'Ammal). Les mots *mtá Ammal* servent à distinguer ce marché du *souq el djemá*, qui se tient à Blida tous les vendredis.

Au bas de la descente, nous traversâmes l'Oued-Zeitoun un peu avant son confluent avec l'Isser, puis nous marchâmes vers cette dernière rivière, que nous passâmes également en laissant à un quart de lieue sur la droite le pont qu'Omar-Pacha y a fait bâtir et auquel la chaussée dont on a parlé plus haut vient aboutir et se terminer.

Le pays de Zouetna, que nous avions alors sur la droite, est assez remarquable pour motiver une courte disgression. Ce pays, tel que nous l'apercevions, se compose de deux massifs de montagnes opposés l'un à l'autre, entre lesquels coule l'Oued-Zeitoun, qui a donné ce nom à la contrée et qui l'a reçu lui-même de la grande quantité d'oliviers que l'on élève dans les environs (1). La beauté des cultures que l'on observe en cet endroit est peut-être sans exemple dans la régence et ferait honneur au pays le plus civilisé.

Le massif qui borde la rive droite de l'Oued-Zeitoun est le plus remarquable; sa configuration géologique a singulièrement favorisé le travail de l'homme. Toute cette montagne, cultivée depuis sa base jusqu'à son sommet, est partagée en trois zones par deux rampes qui retiennent les terres végétales et annihilent les effets de la déclivité. Ce sont, pour ainsi dire, trois collines étagées au-dessus l'une de l'autre, et la nature a créé ici cette disposition en gradins par laquelle nos cultivateurs montagnards combattent artificiellement les funestes effets des pentes.

La vigne, le figuier et l'olivier prospèrent dans cette contrée au milieu des céréales. L'œil n'est pas désagréablement affecté par ces brousailles, ces touffes de palmiers nains qu'on aperçoit au milieu des champs arabes, et autour desquelles le Bédouin paresseux promène sa charrue pour ne pas se donner la peine de les arracher.

Si, au premier coup-d'œil, le bel état des cultures annonce une population industrieuse et active, l'aspect des villages ne fait que confirmer cette première impression. Des gourbies plus nombreuses et mieux bâties que dans au-

---

(1) *Oued-Zeitoun* signifie rivière des oliviers cultivés ; olivier sauvage se dit *zain-sboudje*.

cun autre endroit, souvent des toits en briques au lieu du chaume employé presque généralement ailleurs, quelques maisons blanchies, une mosquée, tout cela forme un ensemble qui plaît et étonne, surtout quand on le compare aux misérables douars de la Mitidja.

La tribu d'Oued-Zeitoun était alors nombreuse et se composait de Coulouglis et de Kabaïles. Elle s'était toujours montrée bien disposée pour les Français, et avait souvent proposé de faire pour nous le service que les tribus dites du Makhzen (1) rendaient autrefois aux Turcs, et cela moyennant une faible solde par chaque homme armé.

C'était le 29 décembre 1837 que nous admirions ce beau pays et ces habitans industrieux et riches. Quelques jours après, Abd-el-Kader avait pillé leurs villages et dispersé la population. L'émir comprend bien quelles sont les tribus que leurs antécédens disposent à faire cause commune

---

(1) Tribus du Makhzen, ou de réserve ; celles que les Turcs s'étaient adjointes comme milice auxiliaires indigènes. Elles formaient le complément de leur système militaire, et les dispensaient d'entretenir une armée turque nombreuse. En échange des services qu'elles rendaient au dey, elles étaient exemptes d'impôts, et jouissaient de quelques autres privilèges. Il y avait de ces tribus auprès de toutes les villes et sur tous les points importans. C'était un vaste réseau qui couvrait toute l'Algérie et qui contenait le reste de la population indigène. On a laissé dépérir cette importante institution, qui ne demandait qu'à se donner à nous ; et cependant l'utilité que nous avons tirée des Douaiers et des Smélas, tribus du Makhzen d'Oran, devait nous donner une idée des résultats qu'on pouvait obtenir en généralisant l'emploi de ces milices, qui regrettent leur ancienne position. Ayant à redouter la haine de leurs voisins, qu'elles ont si souvent châtiés du temps des Turcs (et dont elles savent cependant se faire encore respecter, quoique abandonnées à elles-mêmes), elles sont à nous par le fait même de leurs antécédens et par leur position actuelle.

avec nous, et, quoique nous n'ayons pas tiré parti jusqu'à présent de ces dispositions, il craint que l'envie ne nous en vienne un jour : c'est pour cela qu'il prend l'avance. Il a détruit les Zouetna par le même motif qui lui a fait exiler les Coulouglis de Tlemsen à Tekedemt. Malheur à tous ceux qui nous ont servis ou qui pourraient nous servir un jour ! Il se montre impitoyable pour le passé et menaçant pour l'avenir.

Ceux d'entre les Zouetna qui n'ont pas voulu subir la loi de ce chef sont venus nous demander un asile dans la Mitidja ; on les a aussi bien reçus qu'il était possible de le faire, et ils sont maintenant établis à *Khodja-Biri*, auprès du marché de l'Hamise.

Nous avions de la peine à détacher nos regards de ce beau pays d'Oued-Zeitoun ; cependant le jour était déjà bien avancé, et il était urgent d'arriver dans une tribu où nous puissions espérer de recevoir une hospitalité convenable. On a vu plus haut pour quels motifs nous ne pouvions pas coucher chez les *Zouetna*.

Nous marchâmes jusque vers quatre heures du soir dans la vallée de l'Isser, et nous ne nous arrêtâmes que chez les Beni-Hini, qui habitent sur la rive droite de la rivière. Nos guides demandèrent à cette population, mélangée d'Arabes et de Kabaïles, l'hospitalité pour l'oukil du sultan. Ceux-ci refusèrent d'abord, alléguant leur pauvreté, et nous engagèrent fortement à pousser plus loin, où nous trouverions, disaient-ils, une tribu très riche qui nous accueillerait parfaitement bien. Mais les cavaliers d'Abd-el-Kader, qui nous parurent très familiarisés avec cette ruse de guerre, insistèrent tellement, que, moitié de gré, moitié de force, on nous laissa nous installer dans la gourbie isolée qu'on trouve dans tous les villages kabaïles, et qui sert à recevoir les étrangers.

Il est juste de dire que, sauf ce premier accueil, nous n'avons eu ensuite qu'à nous louer de nos hôtes : ils ont mis paille, orge, poules, lait et beurre à notre disposition et ont refusé l'argent qu'on leur offrait en échange.

Le peu d'empressement que l'on mettait à nous recevoir nous aurait peut-être affectés désagréablement, si une scène qui arriva presque au même instant n'avait pas donné un tout autre cours à nos idées. Un juif d'Alger, frère d'une notabilité diplomatique de la régence, s'était joint à notre caravane. Il se rendait auprès d'Abd-el-Kader pour une certaine somme de 300,000 francs que l'émir avait jadis confiée à sa maison, et que celui-ci voulait ravoir, ayant trouvé un placement qui lui paraissait plus avantageux. Au moment où nous entrions chez les Beni-Hini, nous y trouvâmes l'honnête israélite qui demandait d'un ton fort impérieux au cheik du douar des œufs et du beurre pour lui, de la paille et de l'orge pour ses montures. Le cheik étant demeuré immobile et muet comme quelqu'un qui n'a pas entendu, la demande fut réitérée avec un accent de mécontentement très marqué. « Et qui est-tu donc pour venir donner des ordres ici ? s'écria enfin le cheik indigné. — *Ana ihoudi mtâ el soulthan* (je suis le juif du sultan), répondit aussitôt le juif en baissant le ton. — Juif du sultan ou juif du diable, tu n'es qu'un misérable chien qui n'a pas un mot à dire devant un musulman. » La physionomie du cheik, en prononçant ces paroles, était tellement expressive, que l'enfant d'Israël, croyant déjà sentir la lame du yatagan, se garda bien de continuer la conversation avec ce rude interlocuteur.

Il n'est peut-être pas chrétien de se consoler de ses mécomptes particuliers à la vue des infortunes des autres. C'est cependant ce qui nous arriva dans cette circonstance. Nous fûmes assez peu charitables pour rire de l'étonnement mêlé d'effroi que le juif ne pouvait dissimuler, et nous allâmes nous établir presque gaiement dans la gourbie que l'on nous avait si gracieusement concédée. C'était tout simplement un atelier de faux-monnoyeurs, dans lequel les industrieux Kabaïles s'exercent à contrefaire nos pièces de cinq francs, comme ils contrefaisaient jadis les boudjoux et autres monnaies de la régence. On ne peut s'empêcher de convenir qu'ils réussissent fort bien dans ce métier, qui ne leur paraît nullement criminel, et dont ils parlent comme d'une chose toute simple.

Il ne nous semblait pas, d'après la réception faite au juif du sultan, que l'autorité de l'émir fût bien solidement établie dans cette partie du territoire qui lui a été cédée. Une conversation que nous eûmes pendant la nuit avec le cheik des Beni-Hini acheva de nous convaincre. Nous donnons seulement les traits principaux de cette conversation, qui, dans un pays civilisé, pourrait être considérée tout au plus comme l'expression d'une opinion individuelle; mais, chez ces peuples, il n'y a guère d'idées excentriques, et la pensée d'un seul homme sur les affaires publiques est presque toujours celle de tous. Au reste, nous avons entendu dire les mêmes choses dans d'autres lieux et par d'autres personnes.

Nous demandâmes à ce cheik comment il se faisait que ses administrés montraient aussi peu de déférence pour Abd-el-Kader, puisqu'ils s'étaient soumis à lui. Il se récria vivement sur cette assertion, et nous dit que le chef des Kabaïles de cette partie de la régence, Ben-Zamoun, avait, en effet, reconnu le pouvoir de l'émir, mais que les Kabaïles placés sous ses ordres n'avaient point fait de soumission; que, s'ils ne protestaient point positivement contre celle de leur chef, c'est parce qu'ils n'y attachaient pas une grande importance, et qu'ils entendaient bien qu'elle serait à peu près nominale, ne compromettrait en rien leur indépendance, et n'exigerait de leur part que quelques sacrifices pécuniaires presque insignifians. « Nous payions aux Turcs, ajouta-t-il, un mouzonnat (environ six liards) par maison; nous ne demandons pas mieux d'accorder la même somme au nouveau pouvoir. Mais si *el hadje* Abd-el-Kader (ils affectent de le désigner ainsi, et ne lui accordent pas le titre de sultan) exige d'avantage, qu'il vienne nous trouver dans nos montagnes, et nous le paierons avec du plomb. »

Les observations que nous avons été à même de faire nous autorisent à croire que cette manière d'envisager le pouvoir de l'émir est commune à tous les Kabaïles qui habitent les montagnes de la partie supérieure de l'Isser.

Une première nuit de bivouac est toujours fatigante, mais celle que nous passâmes chez ces Kabaïles le fut d'autant plus que des myriades d'insectes nous firent payer cher l'hospitalité de la gourbie. Il fallut renoncer au sommeil et employer le temps à écouter les causeries de nos hôtes. Ceux-ci avaient allumé un grand feu et veillaient autour de nous, parce que, disaient-ils, les Oulad Khalfoun, leurs voisins et leurs ennemis, pourraient bien venir dévaliser et tuer les chrétiens, ne fût-ce que pour les compromettre eux Beni-Hini, et les mettre dans le cas de passer aux yeux d'Abd-el-Kader, pour avoir maltraité des gens qui voyageaient sous sa protection.

Le 30, nous quittâmes le village des Beni-Hini, et nous continuâmes de remonter la vallée de l'Isser. Tout le pays que nous traversâmes dans cette journée est très peuplé et entièrement cultivé. Partout, sur notre passage, nous trouvions les Kabaïles occupés à labourer la terre. Le propriétaire du champ, reconnaissable à son costume plus soigné, se tenait auprès de ses ouvriers, une grande

2.

baguette à la main. Dans un endroit où la vallée se resserre beaucoup, et où le lit de la rivière en occupe presque toute la largeur, les indigènes nous adressèrent des injures du haut de la montagne; quelques-uns même, armés de leurs fusils, descendirent jusque auprès de nous. Mais la vue de notre escorte empêcha leurs sentimens hostiles de se manifester autrement que par des paroles. Nos guides nous expliquèrent que les populations que nous traversions alors étaient précisément celles qui avaient le plus souffert au combat de Boudouaou, et qu'elles ne seraient pas fachées de prendre une revanche facile sur des Français assez hardis pour voyager dans leur pays. Dans un village des *Flissa-Mtá-el-Djibel* (Flissa de la montagne), où nous nous arrêtâmes environ une heure, les habitans nous parlèrent dans ce sens, et ne nous cachèrent pas que, sans la protection des cavaliers de l'émir, ils nous auraient tous massacrés; opération, disaient-ils, que leurs vieilles femmes auraient suffi à exécuter. Malgré ces paroles assez peu rassurantes, ils nous apportèrent de l'eau, du lait, et n'hésitèrent pas à nous rendre quelques services, même sans que nous leur en fissions la demande. En général, nous avons observé presque partout que les individus qui nous avaient d'abord assez mal reçus finissaient toujours par s'humaniser.

A l'endroit où l'*Oued-el-Djemá* (1) se jette dans l'Isser, et avant le grand village des Beni-Haroune, nous avions quitté la vallée de l'Isser; et, franchissant les montagnes qui bordent la rive gauche de cette rivière, nous nous étions dirigés vers le Sud. Arrivés dans une vallée étroite, nous franchîmes une nouvelle crête parallèle à celle qui

---

(1) V., à l'appendice, les notes que nous avons ajoutées au texte de Desfontaines et de Peyssonnel.

sépare cette vallée du bassin de l'Isser, puis nous descendîmes dans la plaine de Hamzah, où nous pensions trouver le camp de l'émir.

Nous vîmes dans cette plaine environ 1500 Aribs logés sous la tente, et répartis en quatre douars placés sur les bords de l'Oued-el-Ak'hal, rivière qui sépare la province d'Alger de la province de Constantine.

Là, nous apprîmes qu'Abd-el-Kader, après avoir fait une expédition aux Biban (défilé célèbre placé sur la route de Constantine) et avoir soumis les Kabaïles qui habitent tout l'espace compris entre *Wannourhah*, l'Oued-el-Ak'hal et les Biban, était revenu à Hamzah fêter le beyram. Pendant que ces réjouissances religieuses avaient lieu, l'émir avait appris que les Kabaïles en question venaient d'assassiner un chiaouche qu'il leur avait envoyé pour percevoir le tribut. Il paraît que ce dernier avait commis pour son compte personnel des exactions qui avaient provoqué cette révolte. Quoi qu'il en soit, l'émir retourna immédiatement chez les rebelles, et c'est pendant qu'il était occupé à les châtier que nous arrivâmes à Hamzah.

On a vu qu'en général nous avions été assez froidement accueillis partout à notre arrivée. Nous comprenions trop bien les inimitiés religieuses et politiques de nos hôtes, pour nous étonner de ce fait : aussi, quand nous arrivâmes chez les Aribs de Hamzah, l'air mécontent qu'ils prirent à notre aspect ne nous causa aucune surprise. Mais une scène assez grave, et qui aurait pu le devenir bien davantage, si elle n'avait été arrêtée presque aussitôt, nous attendait dans cette tribu. Avant d'en commencer le récit, il ne sera pas inutile de parler des personnes qui y prirent la plus grande part. Nous avons déjà dit que notre escorte se composait de quatre cavaliers d'Abd-el-Kader; parmi ceux-ci, deux seulement méritent d'être connus. Le premier, *Si-el-Miliani*, ou monsieur le

Milianien (l'homme de Miliana), était un Hadjoute de cinquante ans environ, aux traits fortement prononcés, à la barbe noire et touffue. Ses yeux, d'une couleur indéfinissable, d'une expression farouche, étaient ordinairement cachés sous deux épais sourcils; si quelque passion du vieil Hadjoute venait à être soulevée, ils paraissaient alors et ne sortaient de leur antre que pour lancer de la flamme et du sang. Dans les rares momens où *El-Miliani* était de bonne humeur, son aspect avait encore quelque chose de sinistre, et une de ses plaisanteries favorites consistait à passer sa main droite entre le haut de son burnous et son cou, et à la promener horizontalement, de manière à simuler un yatagan qui tranche une tête. L'autre cavalier était de la tribu des Beni-Amer, et se nommait Moustafa ; cet homme avait été chargé par le dey en 1816, après le bombardement de lord Exmouth, de conduire en Espagne les prisonniers espagnols qui se trouvaient dans les bagnes d'Alger. Il avait séjourné dans la Péninsule pendant sept ans, et avait assez bien appris la langue du pays. Depuis la conquête de 1830, il avait passé cinq ans dans les rangs de nos spahis, et enfin il s'était décidé à prendre du service chez Abd-el-Kader lorsque l'étoile de ce dernier lui avait paru grandir aux dépens de la nôtre. Moustafa, comme tous les barbares qui se trouvent en contact avec la civilisation, avait pris ce que celle-ci a de mauvais et laissé ce qu'elle offre de bon. El-Miliani caractérisait ce phénomène à sa manière, en disant que Moustafa n'était plus musulman et n'était pas chrétien. Ces deux hommes se détestaient cordialement : le demi-civilisé regardait son compagnon comme un sauvage grossier et ignorant, le vrai croyant méprisait l'autre à son tour et le traitait d'Arabe dégénéré et de renégat.

Pendant que les personnages dont on vient de parler

étaient accroupis sous une tente et savouraient les délices du tabac indigène, l'auteur de ce récit et un autre Européen se promenaient dans le douar. Une multitude d'Arabes les environnaient, et les examinaient de très près avec une curiosité assez fatigante; cependant on pouvait pardonner cette importunité à des gens qui n'avaient jamais aperçu peut-être un visage chrétien. Dans Paris, centre de la civilisation, ne voit-on pas tous les jours la foule s'assembler autour d'un burnous arabe ou d'une djabadoli maure, lesquels, par parenthèse, n'abritent souvent qu'un Arabe né dans un de nos faubourgs? N'a t-on pas vu en 1814 tous les promeneurs du jardin des Tuileries se ruer sur les pas de trois pauvres dames anglaises qui avaient le malheur de se présenter les premières avec le costume de leur pays? Nous ne pouvions pas en conscience exiger plus de savoir-vivre des Aribs de Hamzah, gens essentiellement barbares, que des habitans éclairés et polis de la capitale de la France. Aussi, passions-nous sans nous plaindre. Mais la foule, qui s'était d'abord contentée de nous regarder en silence, ne tarda pas à nous lancer des épithètes outrageantes; quelques-uns des plus insolens allèrent jusqu'à cracher par terre en nous regardant, ce qui est considéré chez eux comme une grande offense : souffrir de pareilles injures, c'était le moyen de s'en attirer de plus grandes. La multitude s'irrite ordinairement en raison même du mal qu'elle fait ; et qui pouvait prévoir les conséquences d'un premier coup porté ?

Voyant la tournure que prenaient les choses, nous allâmes chercher Moustafa, et nous lui apprîmes ce qui venait de se passer, en l'engageant à faire comprendre à ces gens que nous voyagions sous la protection de l'émir, et que les insultes que l'on nous faisait retombaient sur celui qu'ils appelaient leur sultan. Moustafa prit un bâton, et, feignant une violente colère, se mit à injurier la foule qui nous avait suivis et qui encombrait l'entrée de la tente; mais des éclats de rire qu'il ne prenait pas la peine de dissimuler montraient suffisamment qu'il jouait la comédie. Ce qui acheva de nous en convaincre, c'est que Moustafa qui, à chaque instant, levait son bâton, de manière à faire croire qu'il allait frapper violemment, arrêtait toujours le coup lorsqu'il était au moment d'atteindre un coupable. Ceux qui nous avaient insultés, se voyant soutenus par cet homme, redoublèrent d'insolence. Indignés de la conduite de Moustafa, nous lui en fîmes de vifs reproches et nous le menaçâmes de la faire connaître à l'émir aussitôt que nous serions arrivés au camp.

El-Miliani avait montré, pendant cette scène, une impassibilité qui nous avait fait croire qu'il y restait indifférent; mais, ennemi mortel du cavalier dont nous avions à nous plaindre, et qu'il appelait le renégat, il ne voulut pas laisser échapper une aussi belle occasion de l'humilier. « Les chrétiens ont raison, s'écria-t-il d'une voix tonnante; le sultan nous a envoyés pour les protéger, et notre devoir est de ne pas souffrir qu'on leur fasse la moindre injure. » Puis se tournant vers nous : « Quels sont, nous dit-il, les hommes par qui vous avez été insultés ? Montrez-les-moi, et je vais leur faire donner à chacun cinquante coups de bâton sur-le-champ. » Nous refusâmes, comme on le pense bien, de les désigner. « Nous oublions le passé, dîmes-nous à Miliani. Il nous suffit que les Aribs de Hamzah sachent bien que nous sommes sous la protection de l'émir et qu'ils doivent nous respecter. »

A partir de ce moment, nous n'eûmes qu'à nous louer de nos hôtes. Ils nous accablèrent de prévenances et de politesses, et cherchèrent par tous les moyens possibles à nous faire oublier leur premier accueil. « Vous êtes arrivés mal à propos, nous disait un d'entre eux à ce sujet, Hadji Abd-el-Kader vient de nous faire payer 15,000 boudjoux; il nous a pris deux cents mules chargées d'orge. Nous ne pouvons être contens. » Nous comprîmes parfaitement leurs motifs; nous leur pardonnâmes de bon cœur, et nous reprîmes aussitôt le cours de nos excursions dans le douar.

La promenade n'est pas soujours sans inconvéniens dans un douar ou campement arabe. Chaque tente est défendue par une trentaine de chiens et quelquefois davantage; ces chiens montrent un grand acharnement, non-seulement contre un étranger, mais aussi contre tout homme de la tribu qui franchit la ligne de démarcation qui sépare une habitation d'une autre. Cette ligne n'est pas plus réelle que celle de l'équateur; cependant le chien bédouin la connaît si bien, qu'il ne commence à aboyer que quand on tente de dépasser cette limite imaginaire. Pour circuler avec sécurité au milieu de ces bandes de cerbères, il faut avoir sans cesse une provision de pierres à sa disposition, le bâton ne protège que très inefficacement contre leur fureur.

Quand un visiteur est admis dans une tente par le propriétaire, les chiens semblent comprendre qu'ils doivent le respecter. Si par hazard ils l'oublient, les femmes s'empressent de les châtier à grands coups de bâton; tout en rétablissant l'ordre, elles ont un prétexte honnête de regarder à loisir le nouveau venu.

Puisque nous nous sommes étendus sur ce chapitre, nous ajouterons qu'en Algérie les chiens ne suivent jamais les hommes. Semblables aux chats de nos pays, ils s'attachent au lieu et non à la personne. On peut dire que ces animaux sont encore ici à l'état sauvage; c'est peut-être la cause du profond mépris qu'ils inspirent à leurs maîtres pour lesquels le mot *kelb*, chien, est l'injure la plus grave. Il Il est à remarquer que l'expression *chien* a aussi, parmi nous, un sens défavorable qui ne s'accorde pas avec les qualités précieuses que l'on reconnaît à cet animal appelé à juste titre l'ami de l'homme. Qui sait si l'origine de cette injure ne remonte pas à l'époque où nos ancêtres, encore barbares et à peu près dans les mêmes conditions que les Arabes sous le rapport de l'habitation, de la manière de vivre, partageaient leurs préjugés contre les chiens?

En nous promenant autour du douar, nous apercevions le fort de Hamzah dans la direction du mont Jurjura. Nous désirions beaucoup le visiter pour examiner les ruines romaines au milieu desquelles il est, dit-on, bâti; mais on trouva toujours quelque prétexte pour nous en détourner. On craignait sans doute que nous n'en prissions le plan (1).

Du temps des Turcs, cette position était gardée par une quarantaine de soldats; les Aribs nous assurèrent que l'émir avait l'intention d'y laisser une garnison de 300 hommes lorsqu'il quitterait la contrée. A la distance où nous examinions ce fort, il était difficile d'en apprécier exactement la forme; il nous parut être un rectangle flanqué de bastions. Il ne semble guère plus grand que le fort des vingt-quatre heures.

L'intention que l'on prétait à Abd-el-Kader d'occuper le *Bordj-Hamzah* est assez probable; car cette position est importante, à cause de la proximité des frontières des trois provinces d'Alger, de Titteri et de Constantine. De là

---

(1) On verra, par une des notes que nous avons ajoutées aux extraits donnés dans l'appendice, que les voyageurs et les géographes ont confondu le *Bordj Hamzah* et *Sour Rhozlan* et ont fait une seule et même localité de ces deux points qui sont à 8 lieues l'un de l'autre

on menace également les Kabaïles de l'Isser et ceux du Jurjura surtout. Or, les montagnards du Jurjura, au nombre de 14 tribus, fortes chacune de 2,000 habitans, forment une population redoutable qui veut et peut rester indépendante. L'émir le sent bien, et s'est gardé d'aller chez eux ; mais il n'est pas fâché de les inquiéter en plantant son drapeau en vue de leurs montagnes.

Du fort de Hamzah on peut aussi opérer sur Bougie en prenant à revers les Kabaïles qui entourent cette ville. Il n'y a qu'à suivre le prolongement de la plaine de Hamzah qui pénètre entre le Jurjura et les montagnes qui bornent le côté méridional de la vallée de Summam, ou Bou-Msaoud, avec laquelle ce prolongement se confond.

Au retour de notre excursion, nous trouvâmes un très bon repas ; nos amis les Aribs s'étaient surpassés pour effacer de notre mémoire les griefs que nous avions d'abord eus contre eux. Après le repas, chacun s'installa de son mieux dans la tente où nous devions passer la nuit (et une nuit de décembre !) à peu près à la belle étoile ; car la tente arabe, ouverte en avant et en arrière, n'abrite pas beaucoup du vent.

La tente, ou *guitoun*, et la gourbie, sont les deux seuls genres d'habitation que l'on puisse espérer de rencontrer lorsqu'on voyage dans l'Algérie et qu'on s'écarte un peu des villes. La gourbie est une chaumière qui se trouve dans presque toutes les tribus kabaïles, car il est peu d'individus de cette race qui vivent sous la tente. Nous avons déjà dit qu'habituellement les montagnards ont dans chaque village une gourbie isolée où on loge les passans et les étrangers. L'état de délabrement dans lequel nous avons trouvé quelques-uns de ces caravansérails, ne donnerait pas une haute idée de l'hospitalité de leurs propriétaires. Dans la tribu des Beni-Maâned, par exemple, on nous a offert une gourbie ou, pour mieux dire, un squelette de gourbie qui abritait si peu de l'air extérieur, que nous avons presque tous préféré passer la nuit dehors, auprès des feux. Les bestiaux avaient mangé le chaume qui formait jadis le toit de cette cabane, et les voyageurs avaient successivement arraché les bâtons qui en faisaient la charpente, pour alimenter le feu de leurs bivouacs. Une masse d'épines sèches entourait encore cette chétive demeure, et protégeait fort peu contre le vent glacial des montagnes qui, se glissant à travers les branches, arrivait jusque sur les dormeurs, comme par les trous d'un crible.

Chez les Aribs de Hamzah qui sont Arabes, il n'y avait que des *guitoun*. Les tentes sont en poils de chèvres, et s'appellent aussi *beit-el-char*, ce qui signifie littéralement *maison de poil*. L'étoffe ne touche la terre qu'aux extrémités, dans le sens de la longueur. En avant et en arrière il y a un assez grand intervalle entre le sol et l'étoffe de la tente ; on remplit quelquefois cet intervalle par un petit mur en pierres sèches à hauteur d'appui, que l'on interrompt dans l'endroit où l'on veut faire l'entrée. La forme de ces *guitoun* est assez exactement celle d'un navire renversé qui aurait la quille en l'air. La distribution intérieure est presque partout la même. La tente est toujours divisée en deux parties égales par une cloison formée de plusieurs pieux entre lesquels on place les provisions renfermées dans des peaux d'animaux, quelques effets et les armes du maître. La partie située à droite en entrant est affectée aux hommes et se compose de deux pièces : celle qui touche la cloison et dont le sol est recouvert d'un tapis ou d'une natte, selon la fortune du propriétaire, est à la fois le salon et la chambre à coucher des hommes : à droite de cette partie et à l'extrémité de la tente, est un endroit bas et étroit, où, sur la terre nue, on place ordinairement les animaux nouveaux-nés. On a soin de les attacher par des liens en paille à de petits piquets, précaution qui n'est pas inutile, car autrement ils vaguent la nuit dans le salon et vont se promener sur les hommes qui y dorment habituellement. A gauche de la cloison est le gynécée qui se divise aussi en deux pièces : un salon pour les femmes, qui sert également de chambre à coucher, et une cuisine placée tout-à-fait au bout de la tente. A l'entrée du guitoun, on suspend presque toujours des peaux d'animaux remplies d'eau ou de lait aigre.

La tente dans laquelle nous fûmes logés à Hamzah était celle du cheik; on nous abandonna toute la partie consacrée aux hommes. Le maître, qui était en ce moment avec Abd-el-Kader, ne pouvait veiller sur ses femmes ; et, comme on ne voulait cependant pas exposer celles-ci au voisinage immédiat et sans garantie de sept Européens, on s'avisa de faire un trou dans la cloison du milieu, ce qui établit une communication entre les deux sexes. Mais ce trou fut immédiatement rempli par un parent du cheik qui vint s'y accroupir dans une position si habilement calculée, qu'il avait l'œil gauche chez nous et le droit chez ces dames. Vers le milieu de la nuit, nous nous éveillâmes : un vent du nord, rafraîchi par les neiges du Jurjura, était venu glacer nos jambes qui dépassaient le burnous. Nos yeux s'étant alors portés sur la niche où nous avions vu s'établir l'espèce de dieu terme vivant qui avait été placé là pour nous empêcher d'empiéter sur la propriété du cheik, il se trouva qu'il avait disparu. Nous constatons le fait, sans prétendre en tirer aucune induction fâcheuse pour la vertu de nos voisines, quoique, si nous nous en rapportions aux discours que les cavaliers nous tinrent le lendemain matin, nous serions autorisés à croire que les dames de Hamzah ne sont pas très farouches. Nous aimons mieux penser que les hommes sont fats partout, sous le burnous comme sous le frac.

Pour terminer ce que nous avons à dire du beau sexe de ce douar, nous ajouterons qu'au moment de notre arrivée, la femme du cheik mit la tente de son mari à notre disposition, fit sortir des chevaux qu'on y avait installés en l'absence du maître et ne dédaigna pas de nétoyer de ses propres mains cette étable improvisée qui ne ressemblait pas mal aux écuries d'Augias, humilité qui efface le souvenir de la princesse Nausicaa dont on a dit qu'elle ne rougissait pas de laver son linge elle-même. M. Garavini pour récompenser tant de zèle offrit en vain une somme d'argent : la femme du cheik n'accepta qu'un foulard.

Le 31, nous quittâmes Hamzah accompagnés de nos quatre cavaliers, qui nous menaient à la recherche d'Abd-el-Kader. Nous traversâmes l'Oued-el-Ak'hal, et nous nous trouvâmes dans la province de Constantine. Notre direction fut d'abord vers le sud-est, mais nos guides ne tardèrent pas à la changer et à nous mener vers le mont Jurjura. Cette manœuvre avait pour but d'éviter de nous faire passer le long du fort de Hamzah. Nous allâmes à un village nommé Ben-Abd-el-Rahhman, du nom du marabout qui en est le chef. Là se trouve une *zaouya* ou école religieuse; l'émir y avait placé un chiaouche pour empêcher les maraudeurs de l'armée de venir mettre les habitans à contribution.

Nous eûmes dans cet endroit des nouvelles précises de la position d'Abd-el-Kader, et, d'après les renseignemens obtenus par nos guides, nous reprimes la direction du sud-est, et suivîmes la route qui conduit au désert. Après avoir traversé le bois de pins agrestes des Oulad Mansour, nous arrivâmes au pied des montagnes, au bord d'une rivière connue dans le pays sous le nom d'*Oued-el-Ham-*

mam. L'émir, qui avait été informé de notre approche, nous envoya des cavaliers pour nous annoncer que l'armée prenait position, et que nous eussions à attendre que les tentes fussent dressées.

Au bout d'une heure, nous entendîmes tirer quatre coups de canon, signal de l'entrée de l'émir dans son camp. Peu de temps après, d'autres cavaliers vinrent nous chercher et nous conduisirent à l'endroit où l'armée se trouvait placée. Nous descendîmes alors dans un ravin qui régnait le long de la montagne, et nous aperçûmes devant nous, par une gorge étroite, une partie des tentes des Arabes. Nous remontâmes l'autre côté du ravin, et ce ne fut qu'après avoir pénétré dans le vallon où était le camp que nous pûmes en embrasser tout l'ensemble. Cette position a beaucoup de rapport à celle de M'jez-el-Amar, seulement elle est moins étendue. Les troupes occupaient le fond du vallon, qui était dominé de tous les côtés, excepté en avant : il n'y avait sur les crêtes aucun poste pour observer le pays au loin et défendre la position.

On nous conduisit à notre tente au milieu d'une foule étonnée de voir des chrétiens, et dont le bâton des chiaouches avait peine à contenir l'indiscrète curiosité. Nous étions établis à une vingtaine de pas sur la droite de la tente de l'émir qui envoya prendre nos chevaux par ses gens, et ordonna de les placer parmi les siens. Il nous fit apporter sur-le-champ une collation composée de dattes, de raisins secs et de gâteaux du pays, en nous faisant annoncer que nous n'avions à nous occuper de rien, et qu'il se chargeait de pourvoir à tout ce qui pourrait nous être nécessaire.

Environ une heure après, nous allâmes lui faire une visite très courte et purement de cérémonie.

Nous le trouvâmes sous une de ces tentes appelées *outak*

dont l'extérieur était assez délabré. Au dedans, elle avait un aspect plus conforme à sa destination, et se composait d'une toile à grandes arabesques jaunes, rouges et vertes. En face de l'entrée, et à peu près au milieu de la tente, était une étroite enceinte, formée de coffres recouverts de tapis. C'est là que se tenait l'émir, accroupi sur des coussins. A gauche il y avait une trentaine de volumes; à sa droite, étaient étalées des armes richement ornées. A ses pieds, on remarquait un coffre rempli d'argent; au-dessus de sa tête, pendait une toile que l'on fait tomber jusqu'au sol, quand on veut séparer la tente en deux parties. Le chef des secrétaires d'Abd-el-Kader se tenait à sa droite et un chiaouche à sa gauche.

Bien que nous ne fussions, aux yeux de l'émir, que des visiteurs sans caractère officiel, persuadés cependant qu'il était de notre devoir de ne rien faire qui pût compromettre le nom français, nous étions convenus entre nous que nous nous abstiendrions des marques serviles de respect usitées dans ce pays, et que nous ne ferions à Abd-el-Kader d'autres politesses que celles qui sont en usage parmi les Européens; nous n'allâmes pas lui baiser la main, nous refusâmes même de laisser nos chaussures à l'entrée de la tente, quoique le chiaouche nous fit observer que nous allions salir les tapis que le sultan avait coutume de baiser en faisant sa prière.

Après cette première entrevue, qui ne présenta rien de remarquable, nous allâmes visiter Sid-Mohammed (que l'on appelle ici Sid-Allal), bey de Miliana; El-Berkani, Bey de Médeah (1); l'Agha; Ben-Nouna, et le marabout de

---

(1) Berkani descend d'une famille de marabouts qui de temps immémorial gouverne les Kabaïles de la montagne de Berkani à l'ouest de la Mitidja. C'est le meilleur homme de guerre de l'émir qui vient

Sebaou, le fameux Sid-Sàdi. Ces deux derniers personnages viennent d'être investis, par l'émir, de commandemens dans l'est de la province d'Alger, qui les mettent sur le pieds des beys. Ben-Nouna, qui était kaïd de Tlemsen lorsque les Français s'emparèrent de cette ville, a été remplacé dans cette dignité par Bouhamedi, le chef des Kabaïles de la Tafna.

Ces devoirs de politesse accomplis, nous allâmes visiter le camp : les cicerone ne nous manquèrent pas pour cet examen. Nous eûmes d'abord les prisonniers de Marseille dont cinquante-cinq se trouvaient dans l'armée de l'émir. Ces hommes, pleins de reconnaissance pour les bons traitemens qu'ils ont reçus en France, s'empressèrent de nous conduire partout où il y avait quelque chose d'intéressant à voir, et nous protégèrent contre l'incommode curiosité de la plus grande partie de leurs compatriotes, et l'insolence de quelques autres. Les Français déserteurs nous offraient aussi leurs services. Au moment où nous commencions notre promenade, un d'entre nous s'avisa d'allumer une pipe, passe-temps qui paraissait tout-à-fait local dans un bivouac arabe ; mais les premiers indigènes qui s'en aperçurent se hâtèrent de lui faire signe de l'éteindre. Nous ne comprenions pas d'abord les motifs de cette défense. En voici l'explication :

Plusieurs docteurs musulmans ont proscrit l'usage du tabac et même du café, et ce n'est certainement pas dans le Koran qu'ils ont trouvé l'idée de cette double prohibition, puisqu'à l'époque où le livre sacré descendit du ciel, aucune de ces deux substances n'était connue : mais il parait qu'Abd-el-Kader, en sa qualité de marabout,

---

de l'employer très activement à la soumission des habitans du Kobla ou sud. Il est maintenant bey de Cherchel.

a cru devoir se ranger à l'opinion la plus sévère, du moins en ce qui concerne le tabac. Il a défendu expressément de fumer dans son camp d'une manière ostensible. Chacun se dédommage, il est vrai, dans sa tente, de la contrainte qu'il doit s'imposer au dehors. Il y a aussi plusieurs cafés publics ambulans, où la pipe est tolérée : nous avons été visiter un soir celui qu'on appelle le café du bey, et nous y avons trouvé quelques grands personnages de la maison de l'émir, qui nous ont accablés de politesse, ce que nous avons attribué principalement au bon accueil que nous venions de recevoir de leur maître. Ces barbares ont d'admirables dispositions pour la vie des cours; ils se montrent aussi habiles à deviner le degré de crédit, de faveur de celui avec qui ils se trouvent, que pourraient le faire nos courtisans les plus consommés d'Europe. A peine avions-nous pris place sur les tapis, et nos yeux ne distinguaient pas encore nettement les espèces de fantômes dont nous étions séparés par un épais nuage de fumée, que déjà les invitations de prendre du café nous arrivaient de tous côtés. Cette liqueur se sert ordinairement avec le marc, et comme l'eau que l'on pouvait se procurer dans le camp avait un goût bitumineux détestable, il résultait de ce concours de circonstances une boisson bourbeuse dont nous ne tardâmes pas à être dégoûtés. Nous nous hâtâmes donc d'abandonner la place avant d'avoir épuisé la série des invitations qui nous avaient été adressées, et malgré les vives instances que faisaient nos amphitryons pour nous retenir plus long-temps.

Mais le rigorisme de l'émir nous a entraîné dans une digression dont nous nous hâtons de sortir. Au moment où notre fumeur fut obligé de laisser sa pipe s'éteindre, nous nous dirigions vers les collines qui entourent le vallon où l'armée d'Abd-el-Kader venait de s'établir.

Etant montés sur un des mamelons qui dominent la position, nous eûmes un aspect général du camp. Il avait une forme circulaire, et, sauf la tente de l'émir, placée à peu près au milieu, et les tentes qui formaient la circonférence, toutes dressées à une trentaine de pas les unes des autres, le reste était disposé de la manière la plus irrégulière, ce qui rendait le parcours du camp assez difficile : les plus grandes contenaient jusqu'à trente-cinq hommes, et les plus petites deux ou trois. De la sorte tout le monde se trouvait à l'abri. Les tentes appartenant à l'armée régulière sont transportées sur des mulets ou des chameaux du beylick; celles qui sont aux gens des tribus que l'émir ramasse sur sa route, se transportent par les soins de leurs propriétaires.

Il résulte de ce qui précède que le bagage est considérable dans l'armée d'Abd-el-Kader ce qui n'entrave cependant pas la marche, les moyens de transport étant de nature à n'être arrêtés par aucune difficulté de terrain.

Les munitions de guerre et de bouche, les bêtes de somme, se placent au centre du camp, assez près de la tente de l'émir. La cavalerie est disposée autour de ce noyau, et l'infanterie entoure celle-ci ; l'artillerie est aux quatre extrémités. Telle est la disposition générale, sauf quelques exceptions inévitables dans une multitude d'hommes que l'on astreint difficilement à un ordre parfait.

Il nous parut que l'armée de l'émir se composait de 5,000 hommes. On nous avait parlé d'un autre camp (commandé par Miloud-Ben-Arache) placé auprès de celui-ci et beaucoup plus considérable, disait-on ; mais nous avons de fortes raisons de penser que c'était un mensonge imaginé pour nous donner une idée exagérée des forces dont Abd-el-Kader dispose.

Les 5,000 hommes dont on vient de parler peuvent se

classer ainsi : armée régulière, 1,800 hommes d'infanterie soldée, lesquels ont une sorte d'uniforme qui se compose d'une culotte bleu-clair et d'une veste brune à capuchon ; ils sont armés de fusils français, dont un grand nombre ont des baïonnettes ; près de 600 fantassins, ramassés en route, qui n'ont ni solde, ni rations, et vivent sur le pays ; à peu près 600 cavaliers réguliers ; environ 2,000 irréguliers, rassemblés de la même manière que l'infanterie irrégulière, et dans la même position qu'elle pour les vivres et la solde. Si l'on ajoute à cela une trentaine de nègres, qui forment la garde de l'émir, et à peu près autant d'artilleurs, on aura une idée de la composition de cette armée.

L'artillerie d'Abd-el-Kader consiste en quatre pièces. Trois d'entre elles sont établies sur de mauvais affûts à roues pleines ; l'autre est montée à l'européenne. Sur l'une on lit : « Dupont, commissaire des fontes royales, à Rochefort. » Celle-ci est ornée de tambours, de turbans et de croissans. Sur une deuxième est écrit : « *Willem Hegewaert me fecit*, *Hagæ*, 1620. » Toutes ces pièces sont transportées à dos de mulet, quoique en longueur et en pesanteur elles surpassent nos pièces de montagne. Au lieu d'être placées en long, elles sont mises en travers : deux hommes les soutiennent de chaque côté pendant les marches.

Le personnel de cette artillerie renferme plusieurs Français. Celui qui la dirige réellement est un ex-maréchal-des-logis d'artillerie, qui a été condamné à deux ans de prison pour avoir quitté son poste au blockhaus de Sidi-Klifa et qui a rompu son ban il y a environ cinq mois. Mais il y a un *bach-topdji*, sorte de capitaine d'artillerie indigène, qui n'entend rien au service de cette arme, et qui cependant en a le commandement.

La portion irrégulière de l'armée se groupe par tribus. On peut dire que, sous ce rapport, tout le pays y était en grande partie représenté : on y voyait des Marocains, des gens de Tlemsen, des Beni-Amer, des Gharabas, des Hachem, des Bordjia, des Djendel, des Hadjoutes, en un mot, des combattans de tous les points de la Régence. Nous y avons même remarqué des cavaliers de El-Farhhat-Ben-Saïd, le grand cheik du désert (1), jadis notre ami et maintenant allié d'Abd-el-Kader.

Sauf les nègres qui font faction à la porte de l'émir et quelques vedettes placées hors du camp, le service de surveillance et de police, pendant le jour, est exercé par des chiaouches armés de bâtons dont ils font un fréquent usage, mais seulement sur les irréguliers : nous n'avons jamais remarqué qu'ils aient frappé des gens de l'*askar* proprement dit. La nuit, les tentes espacées régulièrement à la circonférence du camp, forment comme autant de postes qui fournissent des factionnaires avancés ; mais ceux-ci ne devaient pas être fort éloignés du reste de l'armée, car, de la position centrale que nous occupions, nous entendîmes très distinctement, et à peu de distance, les cris de *Allah daïm !* (*Dieu toujours*), qu'ils répètent toute la nuit, et qui répondent à notre *sentinelle, prenez garde à vous !*

Malgré les efforts de l'émir pour donner à son armée quelque chose de la régularité européenne, cette armée n'offrirait qu'une masse peu redoutable à des soldats disciplinés ; mais comme Abd-el-Kader a conservé tous les

---

(1) C'est le chef que nous appelons, on ne sait trop pourquoi, *le grand serpent du désert*. Le titre qu'il prend réellement dans ses lettres est beaucoup plus original. Il s'intitule : *le voltigeur sur la lame du sabre*.

avantages que les indigènes ont sur nous, et dont le principal est la mobilité, et que de plus il a toute la supériorité que donne une organisation, si imparfaite qu'elle soit, sur le désordre complet, il en résulte qu'il a été partout victorieux.

Depuis cinq mois qu'il tenait la campagne, il avait parcouru toute la longueur de la Régence, en suivant la lisière du désert, laissant des garnisons partout, même à *Baba-Denden*, au confins du Kobla (1). Son noyau de soldats réguliers lui a permis de trouver des auxiliaires plus ou moins volontaires dans les tribus au milieu desquelles il a passé, et si un certain nombre de ceux-ci l'abandonnent périodiquement, ils sont aussitôt remplacés par ceux qu'il ramasse dans ses courses continuelles.

Parmi les opérations militaires que l'émir vient d'exécuter, est celle dont nous avons déjà parlé et qui a été dirigée contre les gens de *Wannourhah* qui s'étendent depuis l'*Oued-el-Ak'hal* jusqu'aux Biban; il leur a pris 2,500 moutons, 1,000 bœufs, 100 jumens, 50 chevaux, 170 mules, et cela presque sans combat. Nous avons vu sept de leurs chefs marcher devant Abd-el-Kader. Ils avaient tous au cou un carcan de fer avec un anneau dans lequel passait une longue chaîne qui les attachait ensemble. Le grand cheik des Biban lui-même, hadji Mohamed-Ben-Abd-el-Selam-el-Mokrani, a été forcé de se soumettre. Il vint un jour nous visiter dans notre tente, et, après avoir déploré sa position actuelle, il nous dit : « Pendant longtemps les Kabaïles que je commande ont été les maîtres des Biban, et les beys n'y passaient qu'en payant tribut,

---

(1) Ce mot signifie le midi, et c'est le nom que l'on donnait dans l'armée d'Abd-el-Kader à la lisière méridionale de l'Algérie, au pays qui confine au Sahhara.

et c'est maintenant nous qui payons tribut à Abd-el-Kader ! »

Ce qui donne un caractère important à cette dernière expédition de l'émir, c'est qu'elle constitue une violation manifeste du traité. La France n'a pas cédé la province de Constantine à Abd-el-Kader, et celui-ci, en y pénétrant ainsi, a manqué à tous ses engagemens. Du reste, il n'a pas péché par ignorance, et il sait fort bien toute la portée de ce qu'il vient de faire. Seulement voici comment il justifie sa conduite :

« Les gens de Tittery, les Aribs de Hamzah et les *Wannourhi* se disputaient l'espace de terrain compris entre Oued-el-Ak'hal et Oued-el-Hhammam. Tous les ans, c'étaient de nouveaux combats, des récoltes brûlées et des pillages sans fin. Il n'y avait aucun pouvoir autre que le mien qui pût faire cesser cette anarchie. Mon cœur me portait à l'entreprendre, et, d'ailleurs, la religion m'en faisait un devoir. Puisque les Français ne peuvent rien faire de ce côté, ils ne doivent pas trouver mauvais que j'aie agi. Du reste, ajoutait-il, voyez ce monceau de lettres placées devant moi : elles m'ont été adressées, presque toutes par des tribus de la province de Constantine qui me demandent avec instance. Cependant je n'ai pas voulu passer les Biban, parce que je désire rester en paix avec vous. »

Mais ce qu'il y a de bien positif, c'est qu'Abd-el-Kader n'est venu de ce côté que parce que le bruit avait couru que les Français, n'ayant plus de vivres, avaient abandonné Constantine. Sur cette nouvelle, l'émir s'était hâté de venir recueillir la succession d'Ahhmed; et, comme les circonstances ne se sont pas trouvées telles qu'il l'avait imaginé, il s'est contenté de saisir la portion de territoire située à l'extrémité de la province, satisfait de s'être à peu près assuré la possession des Biban, de ces fameuses *Portes de fer* qu'il franchira le jour où il croira n'avoir pas besoin de nous ménager.

Il est évident que l'émir convoite ardemment Constantine ; malgré la dissimulation naturelle aux hommes de sa nation, il déguisait mal ce désir. « Que feront les Français de cette ville ? nous dit-il un jour, ils y dépenseront beaucoup d'argent sans résultat ; car, dès le printemps prochain, ils y seront bloqués par Ahhmed, et il faudra des armées pour les ravitailler. Qu'ils me donnent Constantine, et je me charge de leur livrer Ahhmed au bout de quinze jours. »

Il est certain qu'il réaliserait cette dernière promesse ; mais il est douteux que cette réalisation fût avantageuse à la France au prix qu'y met l'émir.

Si l'on considère dans leur ensemble les effets de la longue campagne que l'émir continue dans ce moment, on trouve que le principal résultat est d'une nature toute financière. Non seulement il lève partout l'impôt, mais il exige que l'on solde l'arriéré des huit années de l'occupation française. Ces mesures fiscales ont grossi son trésor, ou, pour mieux dire, lui ont donné un trésor. Il y a quelque temps, il ne possédait pas beaucoup au-delà des 3oo,ooo fr. qui sont encore déposés chez le juif Ben-Dran, à Alger ; cette somme s'est considérablement accrue et il dispose maintenant de ressources pécuniaires très importantes.

On a vu plus haut quelle violation manifeste du traité a été commise par Abd-el-Kader ; on aura peine à croire, après cela, que les plaintes et les récriminations partent de son côté. C'est pourtant ce qui arrive, et ce chef, qui foule aux pieds les engagemens les plus positifs, ne cesse de déplorer notre manque de foi. Ses beys et les autres dignitaires, comme autant d'échos, répètent ses doléances;

et, à les entendre tous, on serait tenté de croire que l'émir et les Arabes sont de véritables victimes de notre duplicité.

Mais, avant de formuler ces plaintes, il n'est pas sans utilité de rappeler les antécédens de l'émir et de donner une idée de son caractère, tel qu'il se révèle presque immédiatement par ses paroles et par ses actes.

Le 3 mai 1832, quelques centaines d'Arabes, conduits par un marabout de Mascara, par *Si-Mahhi-el-Din* (celui qui vivifie la religion), arrivèrent sous les murs d'Oran, et, renforcés de contingens successifs qui portèrent leur nombre à près de 10,000 hommes, attaquèrent cette place nuit et jour jusque dans la matinée du 9.

Le marabout, dont la voix puissante avait appelé tant de Musulmans à la guerre sainte, c'était le père d'Abd-el-Kader. C'est avec lui et sous les murs d'Oran que l'émir fit ses premières armes; et ses compatriotes assurent qu'il se distingua beaucoup dans les nombreux combats qui furent alors livrés. Cependant les relations officielles qui racontent longuement cette chaude attaque ne prononcent même pas son nom. C'est qu'à cette époque, comme il se plaît maintenant à le répéter, il n'était qu'un des quatre fils de son père, n'ayant d'autre richesse que son cheval et ses armes, d'autre moyen d'*augmenter sa chose*, que de prendre la dépouille de l'ennemi qu'il avait tué dans un combat. Six années sont à peine écoulées depuis ce jour, et le fils obscur d'un marabout de la tribu des Hachem est devenu le *sultan des Arabes*; car le titre d'*Émir-el-moumenin* (prince des croyans) ne suffit même plus à son ambition. Le traité du général Desmichels lui avait donné le pays qui s'étend entre les frontières du Maroc et le Chélif; celui de la Tafna y ajoute la province de Titteri, une grande partie de celle d'Alger et l'amène sur les crêtes du Petit-Atlas, d'où il suit d'un œil peu bienveillant les charrues chrétiennes qui commencent à sillonner la Mitidja. La manière dont il entend la foi des traités lui permet d'augmenter encore ce territoire déjà fort considérable. On a vu qu'il a récemment saisi une portion, petite il est vrai, de la province de Constantine. Trop scrupuleux pour franchir les Biban, il les tourne et se dirige sur l'antique Cirtha, en passant par Biscara. Matériellement parlant, c'est le chemin le plus long; mais qui sait si, sous le rapport politique, ce n'est pas le plus court.

Tout en déplorant, dans l'intérêt de notre établissement, l'élévation outrée d'Abd-el-Kader, on ne peut s'empêcher de reconnaître que ce chef s'est toujours montré digne d'une haute fortune. En même temps qu'il savait tirer parti des circonstances favorables, il ne s'est jamais laissé abattre par l'adversité. A une époque où tout paraissait désespéré pour lui, où son armée était dispersée, sa capitale presque détruite, où quelques cavaliers des Beni-Amer et les fidèles Hachem, ses compatriotes, composaient la seule force dont il pût disposer, on lui adressa une lettre de menaces dans laquelle on décrivait sa triste position et le peu qui restait à faire pour consommer sa ruine. Voici quelle fut sa réponse : « Quand, placé sur le rivage, on regarde les poissons nager librement dans la mer, il semble qu'il n'y ait qu'à étendre la main pour les saisir; et cependant il faut tout l'art et les filets du pêcheur si l'on veut parvenir à s'en rendre maître. Il en est ainsi des Arabes. » En effet, l'émir tint bon, et on voit qu'il ne s'en est pas trop mal trouvé.

Il n'est pas nécessaire d'être un physionomiste consommé pour s'apercevoir, à la première vue, que l'émir est un de ces fanatiques ambitieux, doués d'un esprit supérieur, qui doivent exercer une grande influence sur un peuple aussi profondément religieux que l'est le peuple arabe. Si cette première inspection n'était pas suffisante, il faudrait examiner cet homme aux prières prescrites par l'islamisme, agenouillé cinq fois par jour devant sa tente aux yeux de tous, baisant la terre avec ferveur, et frappant de son front la poussière ou la boue. Sur cette pâle figure, dans ce regard à la fois mélancolique et fier, on lit facilement que le désir de conquérir le royaume des cieux n'exclut pas la volonté de s'en former un dans ce monde. Dans les circonstances actuelles où les Arabes, tombés dans l'anarchie par la chute du pouvoir turc, demandent à grands cris à être gouvernés, un homme du caractère d'Abd-el-Kader a bien des chances de succès.

Quand on connaît les antécédens de l'émir et qu'on a bien compris le rapport qui existe entre lui et le peuple arabe qui l'appelle ou l'accepte, on peut apprécier facilement les récriminations contre la France, au sujet du traité, et pénétrer les motifs et le but de ces récriminations.

Abd-el-Kader s'est plaint à nous de ce que le gouvernement français ne lui avait pas livré toute la poudre et tous les fusils qui lui avaient été promis. Nous lui répondîmes que lui, de son côté, s'était opposé à ce que les Français achetassent des chevaux dans le pays. Sur sa réplique qu'il n'en avait pas assez pour le service de son armée, nous lui fîmes observer qu'on était en droit de lui faire la même réponse à propos de la poudre et des fusils, et qu'il ne donnait pas là une bonne raison.

Il s'est montré très irrité aussi de ce qu'on n'avait pas voulu accepter M. Garavini pour son oukil. Il prétend qu'en choisissant un chrétien pour le représenter, il avait cru faire plaisir à la France, et qu'en échange de ses bonnes intentions il reçoit un affront véritable.

En regard de ces prétendus griefs, la France serait en

droit d'en opposer de véritables, tels que l'expédition de Wannourhah et la violation de territoire qu'elle a amenée. Nous pourrions nous plaindre aussi de ce qu'il s'efforce de faire croire à tous ceux qui l'entourent que Blida et Coléah lui appartiennent par le traité : c'est l'opinion générale dans son armée ; et les Arabes sont d'autant plus fondés à le croire, qu'ils n'ignorent pas que l'émir lève des impôts dans ces deux villes.

En résumé, nous avions pensé trouver dans Abd-el-Kader un chef qui ambitionnait la gloire de civiliser son peuple, comme a fait Méhémet-Ali en Egypte; nous avions cru qu'il était franchement lieutenant du roi des Français, et qu'il reconnaissait celui-ci pour son souverain ; mais il a pris soin lui-même de nous ôter ces illusions, et, sous ce rapport, on ne peut lui refuser le mérite de la franchise. Un d'entre nous lui ayant parlé des avantages qu'il y aurait pour les deux nations, s'il parvenait à amener les Arabes à la civilisation européenne, Abd-el-Kader lui répondit qu'il n'avait pas cette pensée, et que du jour où on la lui soupçonnerait, il serait abandonné de tous les siens. Quant à la souveraineté de la France, il ne nous a pas été difficile de nous apercevoir que, s'il l'admettait en fait, il ne la reconnaissait pas en droit : cette souveraineté est une nécessité incommode qu'il accepte momentanément, et que ses actes, ses projets, tendent sans cesse à réduire. C'est pour arriver à ce but qu'il fait quelques emprunts à notre civilisation ; mais ces emprunts, peu nombreux d'ailleurs, n'ont porté jusqu'à présent que sur son organisation militaire.

La campagne de l'émir sur le bord du Kobla paraît confirmer ce qui vient d'être avancé. Indépendamment du but fiscal, Abd-el-Kader a eu un autre objet en vue lorsqu'il l'a entreprise ; il voulait se créer une troisième ligne d'opérations qu'on pourrait appeler sa ligne de retraite. Autour de tous les points que nous occupons sur le littoral, existent des tribus qui, telles que les Gharabas à Oran et les Hadjoutes à Alger, sont toujours prêtes à exercer des hostilités contre les Européens : c'est la première ligne d'Abd-el-Kader, sa ligne d'attaque dans les deux provinces occidentales. Derrière celle-ci se trouve une ceinture de villes : Tlemsen, Mascara, Miliana, Médéah, qui forment une ligne centrale d'opérations dans les temps ordinaires. Si l'expérience a appris à l'émir que les Français peuvent arriver jusqu'à ces villes, elle lui a enseigné aussi qu'ils n'y restent pas, et que, par cela même, ils doivent peu désirer y retourner. Dans tous les cas, et en supposant l'occupation de toutes ces villes, il s'est ménagé, aux limites extrêmes de la Régence, une troisième ligne presque inattaquable, à cause de son éloignement. Par la difficulté que nous éprouvons à pousser des expéditions à une quarantaine de lieues dans l'intérieur, il préjuge l'impossibilité d'aller beaucoup plus loin, conjecture qui restera juste tant que nos armées en Afrique n'auront pas été rendues aussi mobiles que celles des Arabes. C'est pour s'assurer ce refuge qu'il fait rebâtir Tekedemt, qu'il fait occuper des forts sur la limite du désert. Au reste, il ne nous a pas caché cette intention, et il a dit à l'un de nous que, s'il avait encore une fois la guerre avec les Français, il éviterait soigneusement toute rencontre, et se retirerait devant nous, bien convaincu que nous ne pouvons tenir longtemps la campagne, et que nous ne voulons pas établir une occupation permanente dans les villes de l'intérieur.

Avec les qualités qui distinguent Abd-el-Kader, il n'est pas douteux qu'il ne réussît complètement dans ses projets, s'il possédait le don le plus nécessaire aux ambitieux : la patience. Mais l'émir va trop vite, et, dans sa hâte d'arriver au but, il ne garde même pas les apparences. Il comprend cependant, car il nous l'a dit, que la France est bien plus touchée par ce qui blesse son honneur que par ce qui affecte purement ses intérêts matériels. Son intelligence lui a révélé ce fait, qui devrait régler sa conduite envers nous ; mais son ambition, plus forte que tout le reste, le pousse en avant, et il ne s'arrêtera que lorsqu'il aura vu le dernier Français monter sur le dernier vaisseau, ou bien lorsque la France l'aura brisé lui-même.

Les réflexions dont l'émir vient d'être l'objet pourront paraître sévères. Elles ne sont cependant que l'expression sincère d'une observation attentive et impartiale. Bien plus, celui qui les formule n'a pas su, plus que les autres, résister à la séduction qu'Abd-el-Kader exerce sur tous ceux qui l'approchent ; il n'a eu qu'à se louer de la conduite de ce chef. Mais il regarde comme un devoir de faire connaître dans toute son étendue ce qu'il a vu et senti ; et, tout en aimant la personne de l'émir, il croit nécessaire de ne pas dissimuler ses projets, que lui-même ne cherche guère à cacher.

L'impatience qu'éprouve cet homme de dominer dans la Régence est telle, qu'il nous a demandé sérieusement si le gouverneur-général l'autoriserait à traverser la Mitidja avec son armée. Il n'ignore pas la fermentation que son approche a excitée dans la plaine, et il veut exercer sur le peu de tribus que nous nous sommes réservées, le talent de séduction qu'il possède à un si haut degré. Une telle promenade, si elle eût été possible, aurait été pour lui de bonnes semailles confiées au champ de l'avenir.

Le moment de notre départ approchait, et nous nous hâtions de profiter du peu d'instans dont nous pouvions encore disposer pour compléter nos études sur les hommes et les choses dont nous étions entourés. Un nouveau champ d'observations s'ouvrit tout-à-coup devant nous.

Parmi nos compagnons de voyage se trouvait M. le docteur Bodichon qui avait eu la bonne idée d'emporter sa trousse et quelques médicamens. Quand sa qualité de *thebib* (médecin) fut connue dans le camp, la besogne ne lui manqua pas. Les Arabes étaient tous fort avides de venir nous regarder de près, et, lorsqu'il leur arrivait de stationner trop long-temps et en trop grand nombre près de notre tente, les chiaouches ou huissiers de l'émir venaient les disperser à grands coups de bâton; ils furent donc enchantés d'avoir un prétexte de rester auprès de nous sans craindre la bastonnade. Il arriva alors que tout le camp se trouva malade : le plus grand nombre se plaignaient de maux de dents. Le docteur ne savait plus auquel entendre; nous lui proposâmes un moyen de se délivrer des importuns, moyen qui consistait à mettre en évidence ceux de ses instrumens qui étaient les plus formidables par leur forme et leur grandeur, et de faire mine de s'en servir quand il se présenterait un de ces faux malades. Le procédé réussit à merveille : chaque fois qu'il s'agissait de commencer l'opération, le patient se trouvait toujours subitement guéri et ne tardait pas à disparaître.

Le fameux Sidi-Sâdi, descendant du marabout dont on voit encore le tombeau à Bab-el-Oued à côté de celui de Sidi-Abd-el-Rahhman, fut aussi un des cliens du docteur. On lui pansa une plaie assez légère qu'il avait à la jambe, plaie qui n'était entretenue que par le défaut de propreté. Sidi-Sâdi nous parla beaucoup des propositions ridicules qu'il a faites jadis au gouvernement français auquel il demandait la Casbah d'Alger avec le droit d'y arborer le drapeau rouge, s'engageant, à cette condition, de faire régner la paix parmi les Arabes.

En somme, la plupart des malades sérieux qui se sont

présentés au docteur, avaient des affections cutanées, et quelques-uns des inflammations d'entrailles causées par la mauvaise qualité des alimens, l'armée ne se nourrissant depuis long-temps que de *bourhoul* ou blé concassé bouilli.

Le 2 janvier 1838, l'émir leva le camp de Oued-el-Hhammam ; mais, au lieu d'aller camper à l'endroit nommé *El-Bouira*, près du fort de Hamza, il nous mena à l'autre extrémité de la plaine. Pendant que lui-même allait visiter ce dernier point, il nous envoya des cavaliers pour nous faire rester au bord de l'*Oued-el-Ak'hal*, en attendant, disait-il, que les tentes fussent dressées.

Le départ de Wannourhah nous avait intéressés, parce que nous nous étions aperçus des efforts qu'avait fait l'émir pour que son armée traversât le défilé en ordre. Il avait même poussé la précaution jusqu'à nous faire conduire et stationner dans un endroit d'où nous pouvions jouir du coup d'œil ; mais, en dépit de tous ses soins et du bâton des chiaouches, le passage s'opéra de la manière la plus désordonnée, cette troupe s'écoulant par tous les passages possibles, même par des issues qui ne paraissaient guère praticables. Le bagage, l'infanterie, la cavalerie arrivaient pêle-mêle. Tout ce que nous pûmes distinguer dans ce cahos, c'est qu'il avait désiré surtout faire défiler son infanterie en bon ordre, et, en effet, ce fut elle qui conserva quelque apparence de régularité. Une fois dans la plaine, l'armée prit cette disposition que les Arabes affectionnent particulièrement, et qui est, du reste, la plus favorable, quand le terrain le permet : ils marchèrent en bataille, ne formant qu'une seule et large ligne, dont la droite s'appuyait presque aux montagnes qui sont vers le désert, et dont la gauche allait assez près du Jurjura.

En tête, on remarquait l'artillerie ; un peu après venaient les prisonniers enchaînés, puis l'émir, à la tête de son Makhzen, ou état-major, avec les étendards et la musique. Le bagage filait sur les flancs.

Pour nous donner une idée de leur adresse à manier un cheval, les Arabes simulèrent des attaques et des retraites. Ils firent même des charges au sabre. De temps en temps, des cavaliers venaient au grand galop décharger leurs fusils devant l'émir. En un mot, ils exécutèrent pendant cette marche tout ce qui constitue ce qu'on appelle chez eux *la fantasia*. Abd-el-Kader nous avait prévenus de cette espèce de fête donnée à notre intention, et pour laquelle il avait ordonné une distribution spéciale de cartouches.

Le plaisir que nous causa la petite guerre fut augmenté de plusieurs incidents sur lesquels nous n'avions pas compté. Cette masse marchant ainsi en ligne et battant une grande largeur de terrain fesait lever du gibier de toute espèce et de tous côtés. Ici c'était un sanglier qui tombait sous la balle d'un fantassin, plus loin des perdrix étaient tuées au vol, atteintes d'un bâton lancé par la main adroite d'un goujat d'armée. Mais ce qui captiva surtout notre attention ce fut de voir cinq à six cents cavaliers poursuivant un lion dans la vaste plaine que nous traversions et, sans lui tirer un coup de fusil, le prendre après l'avoir épuisé de fatigue.

Avant de quitter le camp, nous avions eu avec Abd-el-Kader une dernière entrevue qui se prolongea plus d'une heure. Elle fut remarquable par la nature des sujets que l'on y traita et principalement par l'aspect, tout nouveau pour nous, sous lequel nous pûmes observer le caractère de l'émir. Jusque-là nous ne connaissions que le chef ambitieux qui s'applique à donner à ses paroles, à ses traits, à sa démarche, une expression imposante en harmonie avec la prétention qu'il affiche d'être le sultan des Arabes : mais cette fois, dépouillant la contrainte officielle, l'homme voulut bien se manifester à nous, sans que l'enjouement, l'espèce de familiarité à laquelle il s'abandonna souvent dans l'entraînement de la conversation, lui fissent rien perdre de la dignité habituelle de ses manières.

Nous eûmes alors le temps de l'examiner longuement, et nous devons déclarer qu'il ne ressemble en aucune manière à la ridicule lithographie qui circule en France avec la prétention d'être son portrait (1). L'artiste, qui a travaillé d'imagination, s'est cru obligé de donner à l'émir l'aspect rude et sanguinaire d'une espèce de Barbe-Bleue, Abd-el-Kader, au contraire, est remarquable par un air de douceur mélancolique qu'il conserve même lorsque la nécessité de représenter au milieu des siens le force à prendre un visage sévère. Toutefois le sentiment qui domine essentiellement dans sa physionomie est un sentiment d'une nature toute religieuse. Sa figure a quelque chose d'ascétique qui rappelle les belles têtes de moines dont le type nous a été légué par le moyen-âge ; de ces moines guerriers cependant, que l'on rencontrait plus souvent au milieu des chocs tumultueux du champ de bataille, que dans la tranquille obscurité des cloîtres. Le costume arabe, qui ressemble beaucoup au vêtement des moines, rend l'analogie que nous signalons encore plus frappante.

Dire qu'Abd-el-Kader a la figure longue, assez grasse, et cependant très pâle ; que ses yeux, fort beaux du reste, sont d'une mobilité qui contraste avec l'immobilité habituelle de sa tête ; que sa barbe est noire et bien fournie,

---

(1) M. Rabier, secrétaire du parquet du tribunal supérieur et l'un de nos compagnons de voyage, a reproduit les traits de l'émir avec un rare bonheur. Le remarquable portrait à l'huile qu'il a exécuté est devenu la propriété de M. le comte de Clary.

et que ses mains ne sont pas très remarquables, quoique le plus estimé de ses biographes lui ait établi sous ce rapport une sorte de réputation ; ajouter qu'il est de petite taille, et qu'il a le défaut, commun aux Arabes de médiocre stature, de porter la tête trop en avant par la nécessité de résister à l'action des burnous dont les lourds capuchons, pendant sur le dos, tendent à la rejeter en arrière ; dire enfin que, par la même cause, il a les épaules un peu voûtées, ce n'est pas, nous le sentons, donner une idée suffisante de l'aspect physique d'Abd-el-Kader. Pour ceux de nos lecteurs qui ont eu occasion de voir le lieutenant-colonel Youssouf (l'ex-bey de Constantine), nous ferons remarquer qu'il y a quelque ressemblance, dans les traits seulement, entre ces deux personnages, l'expression de la physionomie étant bien différente. Nous renvoyons ceux qui ne peuvent faire cette comparaison à la belle collection de vues de l'Algérie, que M. le capitaine Genet va bientôt faire paraître et dans laquelle doit se trouver un portrait de l'émir réellement dessiné d'après nature.

Pendant que nous nous livrions à cet examen de la personne d'Abd-el-Kader, la conversation, dégagée des formules interminables que la politesse outrée des Arabes lui donne toujours pour préambule, commençait à s'établir sur de ssujets plus intéressans que la santé des interlocuteurs et l'état de la températures.

Un de nos compagnons de voyage entretint l'émir d'un certain Jovas, commandant du *Castor*, brick de commerce, qui se trouvait alors dans le port d'Alger. C'est sur ce bâtiment et avec ce capitaine qu'Abd-el-Kader, en compagnie de son père, Si-Mahhi-el-Din, a fait, étant encore enfant, le voyage d'Alexandrie, pour se rendre de là à la Mecque et gagner le titre de *hhadje*, ou pèlerin. Aussi ce fut avec un vif sentiment de plaisir qu'il se trouva remis sur la voie d'un souvenir de jeunesse qui lui rappelait en même temps l'acte le plus important de la vie religieuse d'un vrai croyant. Il témoigna beaucoup de regret de ce que le capitaine Jovas ne s'était pas joint à nous pour venir dans son camp, et il nous énuméra avec détail les obligations qu'il avait à ce chrétien, qui s'était montré pour son père et pour lui plein d'égards et d'attentions. Nous aurions voulu voir, en face de son ancien passager, l'honnête marin provençal qui jadis avait eu l'honneur de posséder à son bord ces deux illustrations (alors fort inconnues de tous), sans se douter qu'il portait dans son humble nef un Jugurtha au petit pied. Il aurait eu de la peine à retrouver le joyeux enfant que ses bras avaient bercé et qui souriait à ses caresses, dans cet homme sérieux et pâle qui hait la France, et se pare, vis-à-vis des siens, du titre de *coupeur de têtes de chrétiens pour l'amour de Dieu*. (1)

Pendant cette conversation, nous eûmes une occasion nouvelle de faire des remarques sur l'élocution d'Abd-el-Kader : elle est vive et brillante, qualité assez commune, du reste, parmi les hommes de sa nation. Sa voix, qui a

---

(1) Ce titre est, en effet, un de ceux que prend Abd-el-Kader. Pour le comprendre, il faut savoir que, chez les musulmans, les têtes de chrétiens sont tarifées, et qu'à la guerre, c'est une spéculation assez lucrative pour les lâches traînards qui décapitent ceux que les braves ont tués. Mais le *moumen*, c'est-à-dire le vrai croyant, se ferait un scrupule d'autant plus grand de recevoir une récompense temporelle pour cette action, qu'elle lui paraît extrêmement méritoire ; c'est dans le ciel qu'il espère trouver sa rémunération. Celui là seul a le droit de s'intituler coupeur de têtes de chrétiens, *fi sabil Illah* (pour l'amour de Dieu). Il y en a fort peu de cette espèce.

quelque chose de caverneux, nous parut assez monotone. Il a le débit extrêmement saccadé, et il jette ses phrases plutôt qu'il ne les prononce, ce qui paraît provenir de la multitude de pensées qui lui arrivent à la fois et qu'il désirerait toutes exprimer en même temps. C'est un défaut assez ordinaire dans beaucoup d'hommes à intelligences compréhensives et promptes, et qui voudraient rendre leurs pensées aussi rapidement qu'ils les conçoivent.

Abd-el-Kader fait un usage très fréquent dans le discours d'une locution que les Arabes n'emploient ordinairement que lorsqu'ils promettent quelque chose. La phrase *in cha Allah*, qu'il contracte en celle de *'ch'Allah* (s'il plaît à Dieu), est continuellement sur ses lèvres, et souvent même sans que la nature des idées exprimées la rende bien nécessaire. Il est sans doute pénétré de ce passage du Koran où l'on trouve : « Ne dis jamais : Je ferai cela demain, sans ajouter : *In cha Allah*, » et il ne veut pas courir le risque de commettre la même faute que Mahomet, qui, ayant été prié par des chrétiens de leur raconter l'histoire des Sept Dormans, répondit : « Je vous la raconterai demain, » oubliant d'ajouter : *In cha Allah*, omission pour laquelle il fut blâmé.

Après avoir entretenu l'émir de choses indifférentes, nous abordâmes les diverses demandes que nous nous proposions de lui adresser. En ce qui me concerne, je lui avais fait cadeau, dès la première audience, d'un fort joli manuscrit arabe, trouvé à Constantine. Cet ouvrage, intitulé *Dalil Kheirat* (voie du bien), renfermait des prières et d'autres sujets de dévotion. Abd-el-Kader parut le recevoir avec grand plaisir, tant à cause des matières qui y étaient traitées que parce qu'il provenait de la bibliothèque de Ben-Aïça, lieutenant du bey Ahhmed. Je n'avais pas agi en cela dans des vues tout-à-fait désintéressées, cette générosité ayant pour but de disposer favorablement l'esprit de l'émir de qui j'espérais obtenir une faveur. En effet, dans notre dernière audience, je lui demandai la permission de voyager dans le *Kobla* (le midi). On désigne ainsi en idiome vulgaire la partie de l'Algérie qui s'étend entre le Petit-Atlas et le *Sahhara*, et forme une longue bande de terrain qui renferme une partie de l'*Afriqyah* des anciens géographes arabes.

A cette requête, Abd-el-Kader parut d'abord assez embarrassé. Les musulmans, qui ne se déplacent guère que pour commercer, chercher du travail ou visiter la Mecque, ont peine à se rendre compte de l'ardeur aventureuse et de l'esprit de recherches des Européens. Ne comprenant pas tout ce que peut faire entreprendre l'amour réel de la science, dès qu'ils ne peuvent expliquer nos excursions par un des motifs exprimés plus haut, et qui sont les seuls qu'ils admettent, ils ne manquent pas de supposer qu'on voyage dans un but politique, et dans ce cas ils deviennent fort défians. L'émir, quoique supérieur à ses compatriotes en beaucoup de points, n'est cependant pas exempt de tous leurs préjugés : il en donna une preuve en cette circonstance : « Que vas-tu chercher dans le *Kobla* ? me dit-il. Il n'y a rien à voir de ce côté ; c'est un pays où on trouve beaucoup de pierres, peu d'arbres et des Kabaïles qui n'aiment pas les étrangers. » Il y avait une meilleure raison à donner, mais son orgueil l'en empêcha : c'était de dire qu'il n'a pas d'autorité sur la plupart des peuples qui habitent cette contrée, et que le petit nombre de ceux qui ont bien voulu le reconnaître admettent son pouvoir d'une manière beaucoup trop nominale pour que sa recommandation puisse protéger efficacement ceux qui voyageraient sans autre appui que le sien. Aussi mon but, en demandant à parcourir le Kobla, était principalement d'obtenir d'Abd-el-Kader les moyens de traverser l'Atlas avec sécurité, sachant bien qu'au-delà ce chef ne pouvait presque rien. Mais comme la partie la plus difficile à explorer, à cause du caractère des habitans, est précisément celle qui se trouve sous la main d'Abd-el-Kader, et que les peuples du Kobla n'ont pas la haine des Kabaïles de l'Atlas pour les étrangers et surtout pour les chrétiens, l'autorisation de l'émir était une chose importante à obtenir.

Après quelques objections légères, Abd-el-Kader consentit à ce que je lui demandais : une circonstance que je vais rapporter contribua beaucoup à le décider.

En expliquant à l'émir le but scientifique des courses que j'avais déjà faites dans la Régence et de celles que je me proposais de faire encore, je vins à citer Mascara, et, après avoir raconté que dans cette ville j'avais habité la maison même d'Abd-el-Kader, je parlai de quelques titres de propriétés que j'y avais trouvés et que j'avais rapportés à Alger avec l'intention de les rendre à celui qu'ils pouvaient seul intéresser, dès que l'occasion s'en présenterait. L'émir parut très satisfait de cette action, toute naturelle du reste. « Ce n'est pas, dit-il, que j'attache une grande importance à mes titres de propriété, ni que j'en aie besoin : personne, ajouta-t-il en souriant, n'oserait me disputer ce qui m'appartient ; mais je suis content de voir qu'un chrétien ait eu cette attention pour un musulman et un ennemi. Si tu possèdes des titres qui soient relatifs à d'autres personnes que moi, rends-les aussi ; car ils leur seront réellement nécessaires. Dieu te récompensera de cette bonne action. »

A partir de ce moment, toutes les difficultés s'aplanirent ; Abd-el-Kader consentit à tout de la manière la plus aimable. « Je ne pense pas, me dit-il, que tu veuilles en treprendre ce voyage en ce moment, à cause de la mauvaise saison ; mais, au printemps, viens me trouver à Medeah. Ne t'inquiète ni de cheval ni d'argent; tu verras comment un Arabe entend l'hospitalité. »

L'émir était en ce moment d'une gaieté extrême. M. le docteur Bodichon, un de nos compagnons, lui demanda aussi la permission de voyager dans l'intérieur, ce qui lui fut accordé fort gracieusement. Abd-el-Kader s'informa avec empressement des objets que le docteur recherchait dans ses courses, et lorsqu'il sut que c'était pour ramasser des herbes, des pierres, et recueillir quelques animaux, qu'il voulait entreprendre des courses fatigantes et dangereuses, il rit de bon cœur de ce qu'il appelait la folie des Européens, qui se donnent tant de mal pour si peu de chose.

Nous avions à lui faire une dernière demande; mais celle-là fit disparaître l'enjouement dont nous venions d'être témoins, et nous nous aperçûmes que la physionomie de l'émir prenait une teinte de plus en plus sombre à mesure que le pétitionnaire développait sa requête. Voici de quoi il s'agissait.

Un jeune homme d'Alger avait disparu depuis peu de temps pour échapper à des embarras pécuniaires, et il était venu se réfugier auprès d'Abd-el-Kader. Il avait une connaissance fort remarquable de la langue arabe, une sorte de penchant le poussait vers le genre de vie des indigènes. Il demanda à se faire musulman, ce qui fut accepté avec ardeur par les vrais croyans qui l'avaient accueilli. On le circoncit et on lui donna le nom d'*Omar*. L'émir l'envoya ensuite à Tlemsen dans une *zaouya* ou école religieuse, afin qu'on l'instruisît dans la science divine du Koran. Mais ce jeune homme avait laissé à Alger un père que sa fuite réduisait au désespoir. Quand ce dernier eut connaissance du voyage que nous allions entreprendre, il chargea M. R., qui faisait partie de notre expédition, de prier Abd-el-Kader de lui renvoyer son fils; et c'est précisément cette demande qui opéra dans l'émir un changement si subit.

— *Mouhhal, mouhhal* (impossible, impossible)! s'écria impétueusement Abd-el-Kader dès qu'il comprit où l'orateur voulait en venir. Son agitation était visible, et il était à peine parvenu à la maîtriser, lorsque l'interprète achevait de rendre en arabe les paroles de M. R.

Enfin, après s'être recueilli quelques secondes, il répondit en ces termes, avec le débit saccadé qui lui est propre, et qui, dans cette circonstance, était plus marqué que jamais : « Omar est venu librement parmi nous; ce n'est pas un enfant qui ignore la portée de ses actions : c'est un homme. Il nous a demandé l'hospitalité, nous la lui avons accordée, il nous a demandé de faire de lui un musulman, et nous le lui avons accordé. En cela, nous avons agi selon notre cœur et selon la justice. Je suis fâché de l'affliction où vous dites que le père d'Omar est plongé, mais je ne puis faire ce qu'il demande sans manquer à ma religion. Voulez-vous que moi, musulman, je dise à un musulman de retourner parmi les chrétiens? Cela est impossible. »

On pense bien qu'à la manière dont Abd-el-Kader avait accueilli cette demande, il ne fut plus question d'Omar. Ce jeune homme est maintenant auprès de l'émir, qui l'emploie comme secrétaire interprète, et qui s'instruit avec lui des affaires d'Europe. C'est probablement d'après ses conseils qu'il vient de s'abonner à plusieurs journaux, et qu'il a fait venir de France la *Charte Constitutionnelle*, non pas sans doute pour en faire jouir les Arabes, mais afin de bien connaître notre organisation politique, et de puiser dans cette connaissance de nouvelles armes pour son arsenal diplomatique.

Après cette audience, l'émir fit amener un magnifique cheval qu'il destinait à **M. Garavini**, et les mules qu'il nous accordait, à nous autres *profanum vulgus*.

Nous partîmes le lendemain de cette dernière audience, et nous allâmes coucher, dans la soirée du même jour, chez les Beni-Maâned. Nous avions rencontré, sur la route, le cheik des Beni-Haroune et celui des Isser, qui allaient faire leur soumission. Des mules chargées d'argent les accompagnaient.

Les Kabaïles dits *Beni* Maâned ne se montrèrent pas plus grâcieux, au premier abord, que ne l'avaient été leurs compatriotes dans les mêmes circonstances. Nous demandions une gourbie bien close pour M. Garavini, qui revenait fort souffrant ; ils refusèrent, et leur refus nous offensa plus par la forme qu'ils lui donnèrent que par le fond, car le motif qu'ils alléguaient était juste et nous aurait satisfait s'il eût été énoncé d'une manière moins sèche. Ils ne pouvaient pas, disaient-ils, mettre leurs femmes et leurs enfans dehors pour loger l'oukil du Sulthan. Cette discussion ne laissa pas de se prolonger, et pendant toute sa durée Si Miliani, le vieil Hadjoute dont on a déjà parlé, tenait le cheik du douar par le col du burnous et le secouait de temps en temps, le serrant de manière à intercepter toute respiration. Il y avait entre ses paroles, le ton de sa voix et son action, un contraste fort remarquable. Quiconque l'aurait entendu, sans le voir, aurait cru qu'il n'employait pas d'autres armes que celles d'une éloquence persuasives, tandis que le sournois arabe y joignait une pantomime énergique capable d'asphixier un interlocuteur moins endurci que le cheik des Beni-Maâned.

Malgré les moyens diplomatiques employés par Miliani, nous n'obtînmes pas la gourbie tant désirée, et il fallut nous entasser dans un mauvais hangar à claire-voie, dont le toit de chaume avait été depuis long-temps la pâture des bestiaux.

Nos hôtes, qui avaient fini par s'humaniser, nous fournirent les élémens d'un assez bon souper, et ils apportèrent de l'orge et de la paille à nos montures ; le tout sans vouloir recevoir d'argent. Malgré les incommodités de notre position en plein air nous commencions à nous livrer au sommeil, lorsque des cris et un cliquetis de sabres, vinrent nous éveiller en sursaut. Nous crûmes que les Oulad Khalfoune, dont on nous avait effrayés à notre premier passage, venaient faire main-basse sur nous. Cependant, à la lueur du feu de notre bivouac, nous reconnûmes Si Miliani et Mustafa, deux de nos guides, qui procédaient à un combat singulier. Chrétiens et musulmans, tout le monde s'interposa pour rétablir la paix entre les deux parties belligérantes ; ces efforts n'obtinrent qu'un demi-succès : les sabres rentrèrent dans le fourreau, mais la haine ne sortit pas du cœur des deux ennemis, et Si Miliani, qui avait repris sa place auprès du feu, grommelait d'une voix menaçante, tout en cherchant un charbon pour rallumer sa pipe : *Nqotelou bissekin!* Je le tuerai par le couteau !

Cet incident fut le dernier de notre voyage ; et le 5 janvier 1838 nous étions tous rentrés à Alger sans qu'il arrivât rien qui mérite d'être remarqué.

APPENDICE.

Nous ajoutons à la relation que l'on vient de lire : 1° Quelques renseignemens anciens fournis par l'itinéraire de l'empereur Antonin ; 2° Des extraits de Peysonnel, Shaw, Desfontaines et le récit de M. le docteur Bodichon, notre compagnon de voyage. Il ne sera pas sans intérêt de comparer ces diverses narrations, écrites à des points de vue différens, et qui se complètent l'une par l'autre. Dans un moment où il est fortement question d'entreprendre d'importantes opérations militaires sur le territoire de Hamzah, la publication de ces documens peu connus a tout le mérite de l'à-propos.

Lorsque ces textes nous ont paru contenir des erreurs manifestes, ou lorsque certains passages nous ont semblé obscurs nous les avons accompagnés de notes destinées à rectifier ou à éclaircir. Le lecteur est prié de se rappeler cette observation et de faire retomber sur nous seul la responsabilité de ces sortes de corrections.

1° Renseignemens anciens.

Nous aurions désiré donner l'itinéraire romain depuis *Icosium* (Alger) jusqu'à *Cirtha* (Constantine) en passant par les *Biban*; mais il paraît que la voie antique ne traversait point ce défilé. Elle quittait à Sétif la direction de l'Ouest qui était la véritable, allait vers le Sud jusqu'à la station appelée *ad perdices*, s'engageait ensuite dans la chaîne qui soutient au Midi le plateau de Medjanah, arrivait à *Cellæ* ou *ad Cellas* (Bou-Muggar); là elle faisait un coude après le défilé et se dirigeait de nouveau à l'Ouest en longeant le pied des montagnes qui bordent au Nord la plaine de Huthnah. Après avoir dépassé *Rapidi* qui était au bord du lac de Tittery, elle rentrait dans l'Atlas (première chaine) et, tirant vers le Nord, elle atteignait *Tirinadi* (Skendil ben Taïba) où elle tournait au N.-O. jusqu'à *Aquis* ou *Aquæ* (sur le territoire des Beni M'nasser). De là elle aboutissait à Julia Cæsara (Cherchel) en suivant une direction N.-O.

En vérifiant cet itinéraire sur la carte, on verra qu'il obligeait à des détours considérables et qu'il allongeait la distance de près d'un quart. Il est assez probable que les difficultés, le danger même du passage des Biban, avaient engagé les Romains à faire un aussi grand circuit.

En allant d'Alger à Hamzah, nous avions éprouvé quelque surprise de ne rencontrer aucuns restes antiques, nuls vestiges de voie romaine, aucune trace de postes fortifiés depuis le Fondouq jusqu'à Wannourhah. La remarque dont l'itinéraire d'Antonin vient d'être l'objet explique ce fait d'une manière assez satisfaisante.

Extrait de l'itinéraire dressé par ordre de l'empereur Antonin

(De Constantine à Cherchel.)

	Lieues.	
De *Cirta colonia* (Constantine) à *Mileum* (Milah)	8	1/3
De *Mileum* à *Idicra* (?).	8	1/3
De *Idicra* à *Cuiculi* (Djemilah).	8	1/3
De *Cuiculi* à *Sitifi* (Sétif)	8	1/3
De *Sitifi* à *Perdices* (au-delà de *Oued Berbes* ?).	8	1/3
De *Perdices* à *Cellas* (Bou-Muggar ?).	9	1/3
De *Cellas* à *Macri* (Jouam el Mugrah ?).	8	1/3
De *Macri* à *Zabi* (El Mesilah ?).	8	1/3
De *Zabi* à *Aras* (Cidi Aïça ?)	10	»
	77	2/3

		Lieues.	
		77	2/3
De *Aras* à *Tatilti* (?)		6	»
De *Tatilti* à *Auza* (Bordj Souari ?).		14	2/3
De *Auza* à *Rapidi* (au bord du lac Titteri) . .		5	1/3
De *Rapidi* à *Tirinadi* (Skendil ben Taïba ?). .		5	»
De *Tirinadi* à *Caput Cilani* (Aïn Athride ?) . .		5	»
De *Caput Cilani* à *Sufasar* (Merega ?). . . .		5	1/3
De *Sufasar* à *Aquis* (territoire des Beni M'nasser?)		5	1/3
De *Aquis* à *Cæsarea* (Cherchel)		5	»
		129	1/3

N. B. L'itinéraire donne les distances en *passus* (pas double de cinq pieds). Mille de ces pas composaient le mille romain, et il y avait soixante-quinze de ceux-ci au degré. Ce mille équivaut donc au tiers de nos lieues communes dont il faut 25 pour faire un degré. C'est sur ce calcul que nous avons basé notre réduction.

2º EXTRAIT DU VOYAGE DE PEYSONNEL, PUBLIÉ PAR M. DUREAU DE LA MALLE. (*Tom. I. p.* 374).

« Le 19 (juin 1725) nous entrâmes dans le pays du sultan Bouzit (1) qui commande dans les montagnes où se trouvent les portes de fer. Ce sultan, roi où chef des Arabes, a une nation formidable et qui se réfugie dans les monta-

---

(1) Bouzid. Un arrêté de M. le maréchal Valée (Constantine 24 octobre 1838), donne le commandement du Medjanah à Sidi Ahmed Ben Mohammed Ben el Hadji Bouzid el Mokrani, qui est précisément le petit fils de celui dont il est ici question. L'autorité de ce nouveau chef n'est pas généralement reconnue par la population indigène; on en a eu la preuve dans l'affaire de Djimmillah.

gnes à l'abri des insultes des Turcs. Nous passâmes à travers une plaine remplie de douars de la nation du sultan, et nous fûmes obligés de camper à Mejana, auprès d'une fontaine, sans tente, ni arbre, ni rien qui pût nous garantir des ardeurs du soleil, qui fut ce jour-là très violent. C'est ici que la peur fit bien changer de ton à messieurs les Turcs. Nous étions au milieu des douars et des monceaux de paille sans oser en prendre; les moutons venaient boire auprès de nous et personne n'osait y toucher, quoique plusieurs n'eussent que du pain à manger. Sultan Bouzit, chef de cette nation, ne permet pas que l'on fasse la moindre insulte; il ne paie aucun tribut et l'on s'estime encore heureux d'être en paix avec lui, sans quoi il faudrait passer dans le Sahara pour aller d'Alger à Constantine. On veilla toute la nuit, crainte des voleurs ou de quelque surprise. Nous partîmes deux heures avant le jour pour entrer dans les montagnes des Biben (1) ou des portes de fer. La route fut O.-N.-O. six lieues.

« Le 20 nous grimpâmes des montagnes assez rudes puis nous nous trouvâmes dans des vallons couverts d'arbres, de pins, de chênes, d'oliviers et de quelques arbres et arbrisseaux. Il est à observer que dans tout le pays que je viens de parcourir on ne trouve pas un seul pied d'arbre depuis les montagnes d'Anoune (1) près de Bone jusqu'à celles d'Aurès, et depuis Aurès jusqu'à celles de Biben.

---

(1) *Biben* signifie seulement *les portes*.

(2) Annonnah, lieu où l'on trouve des ruines romaines, est dans le Djebel Sadah, que les Français connaissent sous le nom de *Ras-el-Aqbah*, quoique cette désignation n'appartienne, comme sa signification (tête de la montée) l'indique, qu'au point culminant de la montagne.

Après avoir marché huit heures, nous descendîmes une montagne très haute et dont la pente est fort droite et dure environ une demi-heure. Nous trouvâmes au bas une source d'eau douce et à quelques pas de celle-ci des sources d'eau salée qui forment un ruisseau qui donne une grande quantité de sel. Peut-être est-ce ici les *Salinæ nuborenses* marquées dans la carte de M. Delisle. Nous suivîmes ce ruisseau d'eau salée, et ayant marché une heure nous arrivâmes enfin à El-Biben, ou aux fameuses portes de fer, autrefois *Are* ou *OEre*, ou Porte d'Airain. Toute la caravane fit halte pour se joindre ensemble. Une partie des spahis se mit à la tête, et l'autre, avec l'Aïa Bachi, fit l'arrière-garde. Avant de décrire ce fameux passage, je vous dirai, Monsieur, qu'il y a une chaîne de montagnes très hautes et très rudes qui commence à la mer, du côté de Bougie, et courant N. et S., va jusqu'au desert de Sahara. Ces montagnes sont si escarpées et si difficiles qu'il est impossible de les traverser à aucun autre endroit qu'à ce fameux détroit. Il n'y a que des chèvres ou des hommes aussi agiles qu'elles qui puissent monter et descendre les rudes élévations qui s'y trouvent. En un mot, il faut que cela soit, puisque les Arabes et les habitans de ce pays n'ont trouvé que ce seul endroit pour les traverser, et que lorsque les Turcs sont brouillés ou en guere avec la nation du sultan Bouzit, ils sont obligés de passer au Sahara en faisant un contour de cinq à six journées, et d'en passer deux sans eau pour pouvoir aller d'Alger dans le royaume de Constantine.

Voici à présent la description de ce détroit si renommé. Ayant suivi le ruisseau salé, on voit de grands lits de rochers à pic, qui courent N. et S., épais de quinze à vingt pieds ; entre ces lits, un terrain inégal, haut et bas, sans aucune régularité de pente. On trouve ensuite un de ces lits de rochers qui s'ouvre pour laisser passer l'eau, et à cette première porte deux chameaux peuvent passer. On rencontre après des rochers élevés et irréguliers, puis un second lit ou muraille qui n'a qu'une séparation carrée comme une porte, où une bête de charge a peine à passer. A vingt pas de celle-ci, on en trouve une seconde, puis une troisième et une quatrième. Il y a entre elles des distances de vingt à trente pas où l'on se trouve enfermé sans que l'on puisse se défendre ni se secourir après les avoir passées. Ces portes sont si serrées qu'il semble que la nature et l'art les aient faites conjointement. On trouve ensuite un grand canal qui court N. et S. pendant que les portes se répondent E. et O. Ce canal est entre deux lits de rochers coupés à plomb, élevés de plus de cent pieds de chaque côté, où, suivant le cours de l'eau, il faut passer les uns après les autres. Ce canal dure trois ou quatre cents pas. L'on passe ensuite par des passages difficiles et l'on rencontre enfin un terrain où il se forme beaucoup de sel. On est une bonne heure à sortir de ce difficile passage, où dix hommes, à coup de pierres, peuvent arrêter et défaire une armée, quelque nombreuse qu'elle soit, en l'accablant avec des rochers. Ainsi ce n'est pas sans raison que les Turcs tremblent et appréhendent si fort ce passage, qu'ils abaissent leurs pavillons et leurs armes, font cesser leurs bruits de guerre, et ménagent les habitans de ce pays, de qui il dépend de leur ôter la communication du royaume d'Alger avec celui de Constantine.

« Nous vînmes camper auprès d'Oled Mansou (1) sur le bord d'une rivière qui arrose un beau et riche vallon, rempli d'oliviers sauvages et de lentisques aussi hauts que

---

(1) Oulad Mansour, ou Beni Mansour.

les plus grands oliviers. Nous passâmes à travers trois petits villages modernes bâtis en terre et couverts de chaume, habités par des Arabes qu'on appelle Kabaïles (1). Les Arabes de toutes ces montagnes, depuis le Collo jusqu'auprès d'Alger, sont différents des autres. Ceux-ci n'ont ni chefs, ni nation, ni commandants : chacun est maître et libre dans ses volontés. Ils sont la plupart des voleurs ou plutôt des bêtes féroces qui habitent ces montagnes. Les Turcs ni personne n'ont pu les soumettre ; ils vivent misérablement et à leur gré. Nous veillâmes toute la nuit pour nous garder des voleurs qui viennent, à quatre pieds, enlever ce qu'ils peuvent. Lors même que nous allions pour nos nécessités à quelque distance des oliviers où nous étions campés, il fallait être deux, armés et alertes. Vis-à-vis de l'endroit où nous étions, du côté du nord, il y a deux montagnes fort élevées, l'une dite Gibel Gergera (2) remplie de singes petits et sans queue; l'autre est la montagne des Azouagues (3), où l'on dit qu'il y a de la neige presque pendant toute l'année, c'est peut-être le *mons Ferratus* (4) de M. Delisle. Les Azouagues ne sont que des Kabaïles, ou espèces de sauvages, gens indomptables qui habitent ces montagnes. M. Moreri, dans l'extrait qu'il fait de Marmol, confond quantité de peuples sous le nom d'Azouagues et de Berbères. Les Ouseletis, qui habitent les montagnes

---

(1) Peysonnel se trompe. Les Arabes et les Kabaïles étant deux races essentiellement distinctes, on ne peut, sans commettre une grave erreur, donner aux uns le nom qui n'appartient qu'aux autres. Il s'agit ici de la race Berbère ou des Kabaïles.

(2) Nous croyons que Peyssonnel commet une erreur et que la montagne qu'il appelle *Gergera* n'est autre que celle de *Koukou*. Ce qu'il dit ensuite paraît le prouver.

(3) C'est le nom que les anciens historiens donnent aux Berbères troglodytes.

(4) Cette synonymie est exacte, si elle s'applique au Jurjura, comme cela est probable, malgré la confusion que Peyssonnel vient de faire de cette montagne avec celle de Koukou.

5.

de Végésela, dans le royaume de Tunis; les Comires, qui restent auprès de Tabarque; les Chauvias, dans la montagne d'Aurès, et les Kabaïles ou Azouagues qui habitent les montagnes qu'on appelle ici de *Couco*; mais il est nécessaire que je lise Marmol, que Moreri peut avoir confondu ou mal entendu. Tous ces peuples parlent effectivement une langue particulière; mais la barbe qu'ils ne rasent point et les figures et croix qu'ils portent sur leur peau, ne leur sont pas particulières. Tous les Arabes, les Maures, les Noirs ou Nègres ont la même coutume; les sauvages même de l'Amérique la pratiquent. J'espère, Monsieur, vous envoyer une dissertation plus ample sur ce sujet.

« Le 21, quoique nous n'eussions pas beaucoup de chemin à faire, et que même le chemin fût assez beau, ce fut pourtant une des plus rudes journées que j'aie essuyées. Il était passé devant nous un troupeau d'environ 4,000 moutons qu'on amenait au dey d'Alger pour la fête des moutons, ou leurs grandes pâques (1). Les Deyres (2) qui les conduisaient avaient été attaqués dans le Biben; ils avaient perdu 25 moutons, mais ils y avaient tué des Kabaïles. Ils prièrent l'Aïa Bachi de les escorter cette journée, où les Kabaïles, au travers de ces lentisques et de ces arbrisseaux, ne manqueraient pas de les attaquer et de leur enlever quantité de leurs moutons; il fallut donc marcher au pas des moutons, depuis le matin, au faîte du jour jusqu'à la nuit. La route fut le N.-N.-O. huit lieues. Nous reposâmes auprès d'un ruisseau (3) dans un lieu ap-

---

(1) *Aïd el Kébir*.

(2) Dans l'Est on donne ce nom aux cavaliers des tribus du Makhzen.

(3) *Oued-el-Ak'hal*.

pele Ampsa (1). Le 22 nous côtoyâmes la montagne des Azouagues (2), et, après avoir traversé divers côteaux, où il y a quelques mauvais hameaux de Kabaïles, nous rencontrâmes la rivière de Ouelt Zeitoun (3) ou la rivière des Oliviers, assez considérable, surtout en hiver. Cette rivière arrose un beau et riche vallon, rempli d'oliviers sauvages et de plusieurs autres arbres. On la traverse plusieurs fois; dans l'hiver elle est très dangereuse, et beaucoup de mulets et de chameaux s'y noyent ou sont emportés par les eaux. Nous campâmes auprès de cette rivière ; la route fut le N.-N.-O. huit lieues.

« Enfin, le 23, nous grimpâmes une montagne dite du Couco (4) du haut de laquelle nous découvrîmes Alger, la mer et la grande plaine de Métija. Nous suivîmes un ruisseau qu'on appelle la rivière de l'Arache, qui se décharge à une lieue d'Alger.

---

(1) Hamzah. M. Dureau de la Malle met ici en note : « Hamza, ou Sour Guslan, l'ancienne Auzia. » Hamzah et Sour Rhozlan (et non Guslan) sont deux localités distinctes, séparées par une distance de plusieurs lieues. Cette erreur revient du reste aux géographes qui se sont accordés à confondre ces deux endroits sur leurs cartes.

(2) Le Jurjura.

(3) Oued Zeitoun. Ce que Peyssonnel ajoute plus loin fait penser que c'est de l'Isser qu'il veut parler.

(4) Il s'agit ici, sans doute, du mont Ammal.

EXTRAITS DE SHAW
(Il voyageait vers 1727.)

(TOME 1. PAGE 96.)

Après ceux-ci (les Beni-Khalifa (1), sont les Beni Mouça et les Beni Yaïte; auprès d'eux il y a une branche de l'ancienne tribu des Marhowah, qui ont la vue des plaines de Hamzah. Les Zerouéla et les Megata ne sont pas loin de la rivière des quatorze gués, et les Hilléla avec les Beni-Haroune, sont situés un peu de l'autre côté de la montagne de Ammal, assez près de la rivière Zeitoun. Le ruisseau Lethnini prend sa source dans les montagnes des Hilléla et au-dessous de la haute montagne des Beni-Khalfoune. La rivière Zeitoun se joint à Oued el Aziz (2) et prend le nom de Isser. Les Oulad Aziz sont les Arabes au S.-E. des Beni-Haroune; ils demeurent entre les Beni-Khalfoune et le mont Jurjura. Ensuite viennent les Inchlowa et les Bouganie, qui sont au-dessus des fertiles plaines de Castoula. Les Flissah s'étendent depuis les bords du Isser jusqu'à ceux de la Bougdourah, et, de l'autre côté de cette rivière, on trouve les Beni-Koufi, les Beni-Batroune, et les Beni-Mendjelet. Près des bords de la Nissah, sont les Achnowa, les Bouhinoune et les Ferdiwa. Après eux viennent les Adini, les Beni-Rettine, les Beni-Fraoussine; puis on entre dans le district montagneux des Zouaoua.

Le Jurjura, qui est la plus haute montagne de Barbarie, a huit lieues de long et s'étend du N.-E. au S.-O. C'est,

---

(1) Shaw, qui était anglais et écrivait en anglais, a naturellement représenté les mots arabes par les combinaisons de lettres propres à sa langue. L'auteur de la traduction française a conservé les mots tels qu'ils sont dans l'original sans faire attention à la différence de prononciation dans les deux idiomes. Nous avons corrigé cette erreur dans notre extrait, et nous représentons les désignations arabes par des combinaisons en harmonie avec notre système de prononciation.

(2) Ce Oued el Aziz n'est autre chose que le haut Isser.

depuis un bout jusqu'à l'autre une chaîne de rochers escarpés qui met à couvert un grand nombre de Kabaïles et les empêche de devenir tributaires des Algériens. Parmi ces Kabaïles, les plus remarquables sont les Beni-Alia et les Beni Sittaka, lesquels habitent au Nord-Ouest, du côté des Beni-Koufi ; les Beni-Yala sont au Sud-Est, du côté des Oulad Mansour. Ils ont chez eux un très grand étang, et les terres autour de cet étang sont labourables. En hiver, le haut de cette montagne est couvert de neige, et il est très remarquable que les habitans des deux côtés de la montagne, qui se haïssent cordialement et qui sont presque toujours en guerre, conviennent cependant de cesser toute hostilité dès qu'il y a de la neige. Le Jurjura, par sa situation entre *Ruscurium* ou *Dellys* et *Saldis* ou *Boudjiah* doit être le *Mons Ferratus* dont parlent les géographes du moyen âge.

(MÊME TOME, PAGE 100.)

La rivière Zagouan se trouve à trois lieues à l'Ouest des Qoubbah, une branche des Castoulah habite ses bords. Elle prend sa source parmi les Oulad Hhaloufe, lesquels demeurent proprement dans le district montagneux qui est au Sud, mais s'écartent quelquefois jusqu'à Djebel Dira. Avant que la Zagouan se joigne à la Zeitoune, elle reçoit le Oued-el-Mélabh.

En quittant les Castoula on entre dans les grandes et riches plaines de Hamzah qui s'étendent jusqu'aux montagnes de Wannourhah et sont habitées par les Oulad Drise, les Miriam, les Fairah, les Drid, les Maintenan et autres bédouins (1). Cidi Hamzah (2), marabout de grande répu-

---

(1) Toute la partie de cette plaine, comprise entre le Oued-el-Ak'hal et les montagnes de l'Est, est à-peu-près déserte. On voit cependant les ruines des anciennes habitations et les restes d'une mosquée que l'on appelle Dira.

(2) Le géographe arabe, dont M. Quatremère a analysé l'ouvrage.

tation, a donné son nom à ces plaines et l'on y voit son tombeau près du roc Marhoua.

Le Oued Adouse coule dans la partie orientale de ces plaines et reçoit en chemin divers ruisseaux dont les deux principaux tirent leur source de Djibel Dira. Ils s'unissent à un mille de leur origine, et forment la Phamaah, qui est peut-être le Phœmius de Ptolémée. Sur la langue de terre qui est entre ces deux ruisseaux, se trouve Bordj-Hamzah, où il y a une garnison turque d'un Suffrah (1). Bordj est composé des ruines de l'ancienne Auzia, nommée par les Arabes Sour Rhozlan, ou le mur des Antilopes (2). Une partie de ces murs subsite encore : ils sont flanqués, de distance en distance, de petites tours carrées. Le tout paraît avoir un peu plus de six stades de circuit. Bordj est situé à huit lieues au S.-O. du Jurjura, etc.

(Voyez tome 12 des Notices des Manuscrits de la bibliothèque royale,) parle « d'une vaste plaine où l'on recueille en abondance des « racines de pyrètre, que l'on exporte dans tous les pays. Dans cet « endroit est une ville appelée Hamzah, qui fut fondée par Hamzah, « fils de Haçan-Ben-Soleiman, l'un des descendans d'Ali. Ce Haçan, « qui vint se fixer dans le Morhereb, avec plusieurs fils, savoir : « Hamzah, Abd-Allah, Ibrahim, Mohammed et Kâsem. Tous ont « laissé des descendans qui habitent encore ce canton. »
Les ruines qu'on aperçoit encore aujourd'hui sur le plateau de Hamzah, auprès de la mosquée de Dira, sont peut-être les restes de cette ville.
(1) Nom d'une compagnie de soldats turcs, qui est ordinairement composée de vingt soldats, d'un cuisinier, d'un économe et d'un lieutenant.
(2) Nous regrettons beaucoup de ne pas avoir sous les yeux le texte anglais de Shaw, à qui son traducteur a peut-être prêté (et ce n'est pas la première fois) une grossière erreur. Le Bordj dont il est ici question ne peut pas être le Bordj Hamzah, quoique la construction de la phrase paraisse le faire croire : c'est le Sour Rhozlan qui est situé à huit lieues du Jurjura, ainsi qu'il est dit un peu plus loin, tandis que le Bordj Hamzah est à une lieue et demie au plus de cette montagne.

EXTRAIT
DU VOYAGE DE DESFONTAINES,
PUBLIÉ PAR M. DUREAU DE LA MALLE.
(TOME 2. PAGE 199.)

« Je partis d'Alger le 18 septembre 1785, à trois heures du matin ; le temps était frais. Je côtoyai les bords de la rade. Les vagues venaient baigner le pied des mules, nous passâmes l'Arache (1) sur un pont de dix arches assez bien bâti, il est à environ deux lieues au S.-E. d'Alger. Nous déjeûnâmes auprès d'une fontaine en attendant les bagages. Le ciel était pur et la fraîcheur dura jusqu'à neuf heures. Nous laissâmes les bords de la mer, et après avoir marché dans un terrain montueux couvert de lentisques et d'oliviers sauvages, nous descendîmes dans la Mitijah ; nous la traversâmes dans son extrémité orientale, et, après avoir côtoyé une rivière (2) dont le lit est presque à sec pendant l'été, nous allâmes camper au pied des montagnes qui forment les bornes méridionales de la Mitijah, sur les bords de la rivière en question, dans un lieu parsemé de quelques oliviers, de mûriers, de lentisques (3) etc. A l'Est on découvrait les montagnes voisines de Tedelis (4) et du côté de l'Ouest on apercevait à peine celles de Cherchel.

La rivière sur le bord de laquelle nous dormîmes se nomme *Oued Hramis* (5) et la montagne au pied de laquelle était notre bivouac a nom Chradara (6). Le lieu

---

(1) *Oued el Hharrache*. La rivière qui passe auprès de la Maison-carrée.

(2) *Oued el Kh'mice*, ou l'Hamise.

(3) Ce que Desfontaines ajoute un peu plus bas montre que le lieu où il a campé est le *Fondouq*.

(4) Dellis.

(5) *Oued el Kh'mice*.

(6) Il n'y a point de montagne de ce nom dans cet endroit. Desfontaines a peut-être voulu parler des Arabes du pays de *Mrachda*

même s'appelle Hramis (1) parce que les arabes y tiennent un marché ce jour-là seulement.

Le lendemain nous levâmes la tente à quatre heures du matin. Après une demi-heure de marche nous commençâmes à monter l'Atlas; le chemin était très raboteux. Une heure après nous traversâmes le Gaddara (2). Cette rivière coule dans des ravins profonds à peu près du Sud au Nord; elle prend sa source dans la montagne appelée El-Hammet (3) dont le sommet est un rocher rond, à couches obliques pour la plupart. Nous atteignîmes la cîme de ce mont par un chemin scabreux et rapide (4) que les turcs ont fait paver vers le sommet de la montagne. Toute la montagne est composée de couches calcaires où l'on trouve des veines de spath pesant; il y en a aussi de ferrugineuses. Les pierres, en beaucoup d'endroits, sont teintes en rouge. Nous mîmes près de cinq heures à parvenir au sommet de cette montagne. En montant du côté du Nord, il y a une couche de schiste de même nature que la pierre des environs d'Alger. Toute sa partie inférieure est couverte de bois : il n'y a que la cîme la plus élevée qui soit nue. Les habitans, à gauche, se nomment Ben Haiga (5). En descendant du côté du Midi, j'observai toujours des pierres calcaires, des espèces de poudings de la même substance, bleuâtres, et composés de morceaux arron-

---

qui sont en effet établis sur des collines très rapprochées du point où le savant botaniste bivouaquait.

(1) Il est plus exact de dire Souq-el-Kh'mise, marché du cinquième jour, ou du jeudi. La carte de la province d'Alger, dans le tableau de la situation des établissemens français en Algérie, appelle ce marché *marché du mercredi*, et donne le nom de *marché du jeudi* à celui de l'*Arbâ*. C'est une double erreur que la signification des mots arabes *Kh'mice* et *Arbâ* rend évidente.

(2) Desfontaines veut parler du Oued Kaddara.
(3) C'est du mont Ammal qu'il est ici question.
(4) C'est la chaussée qu'Omar a fait depuis passer entièrement.
(5) Beni Aïcha.

dis, des veines de spath pesant, cristallisé en crêtes de coq en plusieurs endroits. Toutes les montagnes que je découvrais à droite et à gauche, quoique fort hautes, étaient, la plupart, couvertes de terre et d'arbres jusqu'au sommet : il y a des lièges.

Nous descendîmes dans un long vallon (1) qui s'étend jusqu'aux montagnes de Jergera (2) ; il y a deux rivières qui se joignent et vont se jeter dans la mer à l'Ouest de Tedelis (3). Celle qui vient de l'Ouest se nomme Belhini (4) ; celle qui arrive de l'Est est appelée Oued Zeitoun (5) ; la nation à droite se nomme Belhini (6) ; leurs montagnes sont bien cultivées et ils paient la *Garame* (7). Nous remontâmes le vallon du côté du Sud-Est : nous y marchâmes pendant plusieurs heures ; il est parfaitement cultivé, ainsi que la base des montagnes à droite et à gauche. Celles-ci sont en pente assez douce. Il s'y trouve aussi des plaines et des collines, des bosquets d'oliviers. Nous y dormîmes à environ quatre lieues à l'Ouest du Jerjera dans un endroit nommé Ben Haroun. L'Oued Zeitoun (8) prend sa source dans les montagnes voisines, située vers l'Ouest

---

(1) La vallée du haut Isser.
(2) Le Jurjura que les Arabes appellent Djebel Djerdjera.
(3) Dellis.
(4) Les indigènes donnent souvent à une rivière le nom du territoire qu'elle traverse. C'est pour cela que l'Isser porte, en un certain endroit le nom, purement local, de Beni Hini (Bel-Hini).
(5) Desfontaines tombe ici dans une double erreur. D'abord celle que nous venons de signaler et qui consiste à donner pour le nom général de l'Isser une désignation locale qui est restreinte à une partie de son cours. Il se trompe ensuite sur les directions ; car l'Isser ou le Belhini, comme il l'appelle, vient de l'est, et c'est l'Oued Zeitoun qui arrive de l'ouest.
(6) Nous avons déjà fait observer qu'il faut dire Beni-Hini. C'est le nom d'une tribu mêlée qui habite la partie occidentale de la vallée du haut Isser, auprès du confluent de cette rivière avec le Oued Zeitoun.
(7) Desfontaines veut sans doute parler du *Khoredje*, ou impôt foncier.
(8) Lisez : l'Isser.

Tous les Arabes de ce pays habitent sous des gourbies; peu d'entre eux ont des tentes. Les caravanes craignent beaucoup en passant par ces endroits. Les hautes montagnes à gauche du lieu où nous dormîmes se nomment Felice (1). Les habitans de ces cantons paient peu d'impôts. Dans la guerre qu'ils eurent contre les Turcs, ils en tuèrent un jour plus de 700 et le général y perdit la vie. Nous fîmes environ douze lieues la deuxième journée.

Le Jergera ferme le vallon dont je viens de parler du côté de l'Est : c'est la plus haute montagne de ces contrées. Le sommet est nu et pierreux, tandis que les autres sont couverts de terre et d'arbrisseaux ; il y a un torrent qui en descend et qui est à sec pendant l'été (2). Il va se jeter dans l'Oued Zeitoun (3) dont les eaux sont bonnes. Au-delà du Jergera, du côté de l'Est, est une autre montagne en dos d'âne fort élevée. Les habitans du Jergera ne paient rien aux Turcs. Toutes les rivières de ces cantons ne roulent que des pierres calcaires dont quelques-unes sont rousses. Lorsques les Arabes sont en guerre on ne peut passer dans ces lieux.

Nous partîmes à cinq heures du matin et nous marchâmes dans un vallon étroit et montueux. Sur les sept heures nous arrivâmes à une forteresse (4) que les Turcs ont bâtie sur une éminence, à peu de distance du mont Jergera. Ils y ont 40 hommes de garnison et quelques pièces de canon, on nomme ce lieu Hamsa (5). Les environs sont assez bien cultivés et autour de la forteresse il y a plusieurs

---

(1) Flissah.
(2) Nous avons entendu des Arabes donner à ce torrent le nom de Oued-el-Djamâ ; mais nous ne garantissons pas la désignation parce que ceux de qui nous le tenons étaient étrangers à cette partie de l'Algérie. Sur les cartes les plus récentes on a écrit : Oued-el-Aziz.
(3) Lisez : Oued Isser.
(4) Bordj Hamzah, dans le lieu appelé El Bouira.
(5) Hamzah.

familles d'Arabes qui vivent en sûreté. La rivière (1) coule de l'Ouest vers l'Est; elle est peu considérable et va se jeter dans la rivière de Bougie. Le chef de notre troupe attendit près de la forteresse que toute notre caravane fût réunie afin de n'exposer personne à être volé par les Kabaïles indomptés du Jergera. Les Turcs n'ont jamais pu les soumettre. Ces peuples sont nombreux et bien fournis d'armes et de munitions de guerre qu'ils fabriquent dans leurs montagnes. Près de leur territoire on lia plusieurs Arabes qui avaient voulu se soustraire à la domination de leurs chefs et on les envoya aux Turcs. Nous entrâmes dans une plaine immense (2) ayant à droite et à gauche les deux chaînes de l'Atlas. Cette plaine n'est nullement cultivée. Les lentisques y viennent très-beaux. Nous côtoyâmes long-temps la gauche de la rivière (3) et le Jergera dans toute sa longueur. Cette montagne, la plus élevée de celles de l'Est, égale au moins nos moyennes Alpes. Le sommet est tout rocher; on y voit plusieurs pics, dont quelques uns paraissent inaccessibles. Le dernier, du côté de l'Est est en pain de sucre et fort élevé; il en découle pendant l'hiver un grand nombre de torrens qui se jettent dans la rivière de Bougie, qui y prend sa source du côté du Midi. Il n'y avait point de neiges en septembre, mais on m'assura que dans la partie du Nord il y en a toujours. Les Arabes ont là un grand nombre de villages que nous distinguions très bien sur la base de la montagne, qui est bien cultivée et embellie de jolis jardins. Leurs maisons sont bâties avec des roseaux et de la boue ou de la bouse. Jamais les Algériens n'ont pu les soumettre : s'ils se sen-

---

(1) *Oued el Ak'hal.*

(2) L'expression est exagérée; car la plaine de Hamzah est à peine le tiers de la Mitidjah.

(3) Le *Oued el Ak'hal.*

tent les plus faibles ils s'enfuient sur la cime des montagnes ; ils savent aussi combattre avec courage; ils ne paient rien à la Régence, et dépouillent souvent les caravanes ; ils cultivent la vigne. Nous marchâmes toujours dans des lieux inégaux et couverts de forêts; et, après avoir traversé plusieurs torrens qui descendent du Jergera et qui étaient alors à sec, nous campâmes au-dessous d'un village sur la rive droite de la rivière de Bougie, près de Béni-Mansour. Le village est bâti à droite de l'Oued Bougeia (1), sur la pente de quatre collines. Les maisons, quoique mal bâties, sont couvertes et font un effet pittoresque. Les environs sont fertiles, bien cultivés et plantés d'oliviers. Le Jergera est vis-à-vis et présente un superbe coup-d'œil, ainsi que le vallon où coule la rivière du côté de l'Est. On pourrait bâtir une ville en ce lieu.

La rivière est très forte en hiver et arrête souvent les voyageurs. Les habitans des montagnes au Sud du Jergera se nomment Maneïs. Les plaines situées entre les deux chaines sont peu cultivées ; les habitans du Jergera vont nu-tête et pieds-nus.

Nous fîmes route, vers les cinq heures du matin, du côté du Sud-Est, par un beau clair de lune ; après une heure de marche nous entrâmes dans un lieu très montueux et couvert de belles forêts de pins de Jérusalem, de Genévriers de Phénicie, d'oliviers sauvages. Le chemin devint fort difficile par la grande quantité de ravins qu'il nous fallut traverser. Le sol était noirâtre et mêlé de petites pierres brisées ressemblant à de l'ardoise. Les masses de rochers étaient de la même pierre ; elles étaient disposées en couches ordinairement obliques ; quelques-unes

---

(1) Ce que Desfontaines appelle ici Oued Bougeia, ou rivière de Bougie (qui en est la traduction), c'est, sans doute, le *Oued el Adouze*, qui coule le long du Jurjura, dans la direction de Bougie.

étaient perpendiculaires. Nous descendîmes dans un large ravin très profond, où coule, sur un sol sablonneux, du Sud au Nord, une rivière qui va se jeter dans celle qui va à Bougie. Nous remontâmes le ravin jusqu'au lieu où elle se partage en deux branches, dont l'une vient du Midi (1) l'autre du Sud-Est (2). Nous suivîmes le chemin, et, sur les neuf heures, nous atteignîmes un lieu très connu en Barbarie sous le nom de *porte de fer*. Les montagnes à droite et à gauche du grand ravin dont je viens de parler sont bien couvertes de bois ; elles sont hérissées d'un grand nombre de pointes élevées les unes au-dessus des autres, et séparées par des ravines profondes où l'on ne saurait presque marcher. Les Arabes de ces montagnes mènent une vie libre ; je n'y ai vu presque aucune culture ; on m'a dit qu'ils étaient presque nus. J'ai aperçu çà et là des sentiers assez fréquentés. Lorsque nous passâmes près de la Porte de Fer, nous vîmes beaucoup de feux qu'ils venaient d'allumer et que notre approche leur fit abandonner.

La Porte de Fer est un défilé fort étroit, au fond d'un profond vallon sur les côtés duquel sont des montagnes inaccessibles. Ce défilé peut avoir trois ou quatre cents pas de longueur. Une poignée de monde y arrêterait une armée. Dans quelques endroits il n'y a pas plus de six à huit pieds de largeur. Ce qu'il y a de singulier, c'est que les rochers à gauche et à droite sont composés de couches étroites et perpendiculaires parallèles les unes aux autres. Ils s'élèvent, en quelques endroits, à cinq ou six cents pieds. Ces couches sont elles-mêmes de petites couches horizontales. Les pierres sont calcaires et d'une couleur noirâtre.

Il y a beaucoup de couches écroulées les unes au milieu

---

(1) Oued el Hhammam, qui vient de la montagne de Wannourhah.
(2) *Oued el Malahh*, qui vient des Biban.

des autres ; celles qui restent s'élèvent comme des pans de muraille, à une grande hauteur ; elles sont très perpendiculaires et leur intervalle est occupé par des arbres. Ce sont, sans doute, les eaux qui ont fait écrouler celles qui manquent. La rivière qui coule au fond du vallon est très salée. La Porte de Fer est un des lieux les plus singuliers que j'aie vus. Les caravanes n'y passent qu'en tremblant, parce que les Arabes de ces contrées sont indomptés, et que s'il leur prenait envie d'arrêter les voyageurs, quelques nombreux qu'ils fussent, ils en seraient les maîtres. Lorsque ces Arabes sont en guerre avec Alger, ils s'emparent de ces endroits et aucun voyageur n'ose s'y aventurer. On dit même que la Régence est obligée de payer pour qu'on laisse le passage libre. Après avoir franchi la Porte de Fer, on suit encore longtemps le même ravin, puis on monte par un chemin fort étroit et très escarpé, sur la cime d'une montagne, ayant à droite et à gauche des fondrières affreuses qu'on ne peut regarder sans effroi. Après ce mauvais pas, on côtoie des monts dont la pente est douce ; puis on descend dans une immense plaine, entourée de montagnes et parsemée de belles collines. Elle est très fertile et très bien cultivée : les Arabes qui l'habitent sont nombreux : le Cheikh est Chérif (1) d'une ancienne famille. Les Arabes sont riches et très bien vêtus ; ils ont de très beaux chevaux et d'immenses troupeaux : ils rappellent l'idée des premiers âges du monde. Leur courage et le voisinage des montagnes les ont sauvés de la servitude. Ils ont détruit les forteresses que les Turcs avaient bâties dans leur voisinage. Ils font payer les Arabes des montagnes voisines et leur commandent en souverains ; mais ils ne paient rien à personne. Le pays se

---

(1) Les Chérifs sont les descendants de Mahomet.

nomme Megenah (1) et la nation Mokaina. Le Sheick se nomme Bouremem : l'année dernière il était en guerre avec Alger et enlevait les bestiaux sur le territoire de Constantine. Il faisait aussi la guerre à un autre Sheick, son parent qui se nomme Ben Gendouss.

Les habitans des montagnes au midi de la plaine s'appellent Ben-Echech; le nom de la montagne est Djebel Ayave. Tous les Arabes des environs de la Porte de Fer se nomment Ouan-Oura (2). Ceux de la gauche Beni Ebbes (3) : ceux-ci ne font de mal à personne; ceux de ce côté, qui avoisinent la Porte, se nomment Beni-Ourtou et les peuples qui sont du côté de Bougie, en descendant la rivière, Zouaoua.

La Porte de Fer se nomme Biben (4) et la rivière Oued-Biben.

---

(1) Medjanah.
(2) Wannourah. Tous les noms qui précèdent paraissent fortement altérés.
(3) *Beni Abbas.*
(4) *Biban* signifie portes, en arabe.

www.ingramcontent.com/pod-product-compliance
Lightning Source LLC
LaVergne TN
LVHW021002090426
835512LV00009B/2028